百部红色经典

鲁迅
回忆录

许广平 著

北京联合出版公司
Beijing United Publishing Co.,Ltd.

图书在版编目（CIP）数据

鲁迅回忆录 / 许广平著. -- 北京：北京联合出版公司，
2021.7（2025.4重印）
（百部红色经典）
ISBN 978-7-5596-5078-8

Ⅰ.①鲁… Ⅱ.①许… Ⅲ.①鲁迅（1881-1936）—
生平事迹 Ⅳ.①K825.6

中国版本图书馆CIP数据核字(2021)第029815号

鲁迅回忆录

作　　者：许广平
出 品 人：赵红仕
责任编辑：牛炜征
封面设计：李雅楠

北京联合出版公司出版
（北京市西城区德外大街83号楼9层 100088）
北京新华先锋出版科技有限公司发行
涿州汇美亿浓印刷有限公司印刷　新华书店经销
字数153千字　787毫米×1092毫米　1/16　12印张
2021年7月第1版　2025年4月第4次印刷
ISBN 978-7-5596-5078-8

定价：49.00元

出版前言

为庆祝中国共产党成立100周年，全面展现中国共产党成立以来中华民族辉煌的发展历程、取得的伟大成就和宝贵经验，集中体现中华民族的文化创造力和生命力，北京联合出版公司策划了"百部红色经典"系列丛书，希望以文学的形式唱响礼赞新中国、奋斗新时代的昂扬旋律。

本套丛书收录了近一百年来，描绘我国人民在中国共产党的领导下艰苦奋斗、开拓创新、改革开放的壮美画卷，充分展现我国社会全方位变革、反映社会现实和人民主体地位、弘扬社会主义核心价值观、讴歌中华民族伟大复兴中国梦的100部文学经典力作。

本套丛书汇集了知侠、梁晓声、老舍、李心田、李广田、王愿坚、马烽、赵树理、孙犁、冯志、杨朔、刘白羽、浩然、李劼人、高云览、邱勋、靳以、韩少功、周梅森、石钟山等近百位具有代表性的中国现当代著名作家。入选作品中，有国民革命时期探索革命道路的《革命的信仰》《中国向何处去》，有描写抗日战争的《铁道游击队》《敌后武工队》《风云初记》《苦菜花》，有描绘解放战争历史画卷的《红嫂》《走向胜利》《新儿女英雄续传》，有展现新中国建设历程的《三里湾》《沸腾的群山》《激情燃烧的岁月》，有寻找和重建民族文化自信的《四面八方》，也有改革开放后反映中国社会现状、探索中国道路的《中国制造》，同时还收录了展现革命英雄人物光辉事迹的《刘胡兰传》《焦裕禄》《雷锋日记》等。

本套丛书讲述了丰富多样的中国故事，塑造了一大批深入人心的中国形象，奏响了昂扬奋进的中国旋律。这些经历了时间检验的文学作品，在艺术表现形式、文学叙述方式和创作技巧等方面都具有开拓性和创造性，作品的质量、品位、风格、内涵等方面都具有很高的水准，都是有筋骨、有道德、有温度的优秀作品，很多作家的作品都曾荣获"五个一工程奖""茅盾文学奖""鲁迅文学奖""国家图书奖"等奖项。

为将该套丛书打造成为集思想性、艺术性、时代性为一体，展现新时代文学艺术发展新风貌的精品图书，北京联合出版公司成立了由出版界、文学艺术界的资深专家和学者组成的编辑委员会。他们从文学作品的历史价值、文学价值、学术价值、现实意义等维度对作品进行了深入细致的研读和筛选，吸收并借鉴了广大读者的意见与建议，对入选作品进行深入细致的分析与综合评定，努力将"百部红色经典"系列丛书打造成为政治性、思想性和艺术性和谐统一的优秀读物，向伟大的中国共产党成立100周年这一光荣的日子献礼！

目　录

前　言

　　许多朋友鼓励我写些回忆之类的东西。有些借参考书给我看；有些要我想起什么就写什么，然后加以选择和安排；还有些叫我先写个大纲，再加以叙说；更有人提出照我以前写过的《欣慰的纪念》和《关于鲁迅的生活》那两本小书的内容加以扩充。凡这些，都使我感动于对文化事业的关怀而鞭策自己。同时，又因鲁迅逝世已经二十三年了，虽则音容宛在，但总觉言行多所忘记了。为着对历史的忠实，为着对读者的负责，都不应孟浪而为，因此颇感苦恼。

　　大跃进的精神感召了我；"十一"献礼的汹涌热潮又鞭策着我；在总路线多快好省的号召下，鼓舞起我的干劲；工人阶级大无畏的坚决创造意志又不断做我的榜样，于是就下定决心试试写作了。先在城外找个地方安静下来。

　　从7月13日—8月13日的一个月期间，用在阅读鲁迅的日记、著作等方面，旁及一些有关鲁迅著作的言论，另外还看了些世界名人的回忆。很快地书未看完就过去了一个月，再拖下去怎么得了？就是这点不成熟的准备也写作，尽行工作罢，不能再拖了。写作开始于8月半，到9月20日就又停止工作了，回到城内参加些社会活动，这就是每个人都欣欣鼓舞想把自己投入一份去的国庆前后的许多工作。到10月底才又抽身回到城外，静下来，花了些准备工作的时间，又继续进行写了。到11月底，初稿算全部写完，共十三节。自己从头一看：时代虽大致略有先后之分，但有些事情带连锁性的，就须一次写完在一个节目里，所以其实也分得不太清楚的。（又，他们的许多建议中，我采取了和我一起工作的王永昌同志交谈方式，在散步中谈谈鲁迅生平事迹，引起回忆，再从谈话中整理出几项要目。）这就是现在所写的，但这还是不够得很的。

从这回的写作来说，使我深深学到社会主义风格的创作方法（就是个人执笔，集体讨论，修改的创作方法）。我这本小书，首先得到许多同志的直接指导和帮助。他们重视这一项工作，关心指出何者应删，何者应加，使书的内容更加充实健康了。就只恨自己限于能力，未能多所体会而写出来的还是自觉离满意还甚远。原因是自己一方面体力不够，初时进度太快，每日可四五千字，本打算"十一"前完稿的，但血压马上升到240度，头昏脑胀，这样将不能继续工作下去。不得已乃变更办法，拖长下来，所以到11月底才完工。其间实际执笔，不过两个多月。以如此严肃的工作，而我只做到"快、省"二字，离"多、好"实远甚了。幸而重温了一个多月的书，稍稍引起回忆，动笔起来，极力去芜存精。对年代时日，又多借重于原来著作，但仍难免挂一漏万之讥或拾了芝麻忘了西瓜之叹。那是因自己原本不善写作，文艺性又很不够，写起来平铺直叙，历史事实也难于做到波澜壮阔。可能看起来未能满足读者希望的。

又，本书没有大段的对鲁迅说话的记录，好在这些大段的话，都在鲁迅著作或给朋友的通讯里尽言无隐，在家庭生活中倒不是讲整套话的时候了。自然，朋友们来，也有些材料，但我又尽力避免多提及自己，免于总是些家庭琐碎，失却主题意义。因为每每朋友一来，我就张罗些家务：或添菜吃饭，或看顾小孩之类，往往听到片言只语，未必能全，时日一长，便多忘记了。因是历史事实，不能马虎出之，所以一些比较找不到引证，就是有些记得，也从略了。而友人接洽的有关左联之类的事项，则以遵守铁的纪律，我不便与闻，因而未能详说其中情况。不过从我看来，鲁迅在上海时期的工作是严肃的。对党的关怀热爱，是推崇到最高点的。自己无时无刻不是以当一个"小兵"的态度自处。就是对左联工作，他也不是独自擅尊的，处处请求明甫（茅盾）先生一同商议，再听从党作最后决定。即接见外国记者，也常常和明甫先生一同见面。他寐寐以求的是如何为党增加力量，为党的工作多添些人手来。因为极望人多，他就对青年的培植爱护的热诚过重，有时难免选择方面疏忽了些。致使希望有为的转而成为失望的也往往有之了。然终不失其坚决自觉。在大关节处，他始终是遵循着党的方针、路线行事的。这是鲁迅的优点，也就是笔者所见于鲁迅的最重要的回忆！其他如对文学遗产问题，对文学改革问题等等和许多有关政治、社会、科学、文化的杂文问题，读者可从鲁迅著作找寻，我在此就从略了。

回想鲁迅的写作，从不马虎从事，处处为了于社会有益，于人民有好处而着笔的。即一人一事，他也如此。比如他曾经说过要出一本名《五讲三嘘集》的书，而且也曾对我说：这书名正好和《南腔北调集》作一联对；和《伪自由书》之对《准风月谈》，《三闲》之对《二心》，《朝花夕拾》之对《故事新编》，《呐喊》之对《彷徨》一样的工整巧合的。然而这《五讲三嘘》的"三嘘"实在觉得写了未必于社会、人民有何影响而终于放手了罢。似这等审慎，则我对于他的生平，尤其后十年在上海的一切，实在写得很潦草不够了，对鲁迅严肃写作的态度也差得远了。

幸而时代已不同了，今天已不是个人关起门来写作的时候了，向群众学习，做党和毛主席的忠实的小学生，总会走向较小的错误的。

我于是以此献于纪念"十一"和读者之前。

1959 年 11 月 24 日写完

一、从"五四"到"三一八"

从 1925 年 8 月到 1926 年 8 月这一阶段，是中国革命普遍深入到各方面的一个大时代。在北京，有三一八惨案；在上海，有五卅惨案；在广州，有沙基惨案。可以说，从国内到国外都有关连的大事件，也是有良心的人民每个人都深深感觉到切肤之痛的救亡图存的一次紧迫工作。鲁迅在这一年经历了不平常的有生以来前所未感受到的内忧外患最严厉的考验。通过这一个考验，他看到了中国人民的不可救药的一面，如卖国政府、正人君子等等。但他也亲身投入了另一面的行列里，如反抗卖国政府、正人君子之流的，明的、暗的、软的、硬的、欺骗利诱的、卑鄙可耻的勾当。这当口，软弱的虫豸似的，一些羊样的凶兽或凶兽样的羊的人们，眼看一个个的倒下去了，惟独鲁迅和他同样见解的不甘屈服的人们、青年们，在1921 年的中国共产党成立之日起，就领导着中国人民组成一条看不见边际的无量广阔的洪流，奔向前去。

作为一个学生，作为当时的一个女青年，我幸得厕身其间，看到鲁迅怎样以大无畏的精神，蓬勃不可一世的气概，投身于大运动的行列里，鼓舞着大众，指明出路标，使每个真的勇士，更加勇猛直前。

阻力是有的。首先，知识分子中的卖身投靠者们就加以非议说"天下有闲事，有人管闲事"之类，来攻击爱国不甘箴默的、起来打破窗子突围冲击的人们。以鲁迅为代言人，向他们斥辩。指出"我现在觉得世上是仿佛没有所谓闲事的，有人来管，便都和自己有点关系，即便是爱人类，也因为自己是人。"（见《华盖集续编》：《杂论管闲事·做学问·灰色等》）这些把国家大事、群众得失看作"闲事"的先生们，其实就不能算是人，因为他们既把群众的事，看作等闲视之，也就把这"事"置身事外，脱离群众要求，而为反动统治阶级帮闲服务了。这是"三一八"惨案发生前两个月的气候，一批反动的知识分子的心声的暴露。杀机早已萌芽，而为后来杀人者预留余地的一种姿态。

　　"你们做事不要碰壁"，这是北京女子师范大学风潮中的压迫学生的杨荫榆派教员向学生群众的警告，也就是众所周知的把戏："自投罗网"、自行失足落水"的一种杀了人还不认账，美其名曰"自愿""自碰"的鬼把戏。我直截了当地答复他们"杨先生就是壁！"即压迫者预置的一堵墙，不许他人逾越，你如果往前迈进了一步，就是"碰壁"，就该十恶不赦，死有余辜！但我们要生存、要发展，"苟有阻碍这前途者，无论是古是今，是人是鬼，是《三坟》《五典》，百宋千元，天球河图，金人玉佛，祖传丸散，秘制膏丹，全都踏倒他"（见《华盖集》:《忽然想到（六）》）。

　　当时的青年运动，当时的爱国救亡运动，凡我们认为人的行为，认为人类所当为的，都被反动阶级看作闲事一桩，无关紧要。再要反抗，便是自寻绝路。也就是"壁"已树立，你们寸步难移，不许乱动了。

　　这时鲁迅的回答是"我还不能带住！"教导学生要"壕堑战"；要不作无益牺牲；要"准备'钻网'的法子"；"如果逼到非短兵相

接不可的时候，没有法子，就短兵相接"。倘使敌人"'用阴谋'与'装死'"来对付，事情是僵持下去，拖下去不容易解决了，则"已没有中庸之法"。在这里，鲁迅启示给青年的战术是："随时用质直的方法对待。"（见《两地书》）这个教育，这个指示，非但平时反抗用得着，就是战时军事上也运用得着，暗暗符合于解放战争的获得胜利，有名的坑道战运用到朝鲜前线也使敌人胆寒力竭，俯首就范。这不是说，鲁迅会那么预见，能料到解放战与反侵略战的种种成因后果，对付方法。而是一切压迫者、被压迫者从你死我活中得出的经验，战斗可操胜券的不易的真理。

鲁迅是一个战士，指挥者是党，是党的领导。他只担任一方面——思想上的方面，如同党的宣传部的一员。他时刻想着如何才能尽力做好宣传，唤起群众的工作。虽然那时党没有明确给予他责任，但真理只有一个，这就是：遵革命之命的文学。

他叫青年"少看中国书……现在的青年最要紧的是'行'，不是'言'"（见《青年必读书》）。

胡乱行动也不妥当，就要懂得什么是可行、应行的。于是他想，"现在的办法，首先还得用那几年以前《新青年》上已经说过的'思想革命'……而且还是准备'思想革命'的战士……待到战士养成了，于是再决胜负。"（见《通信①》）

他自己也承认："这种迂远而且渺茫的意见，自己也觉得是可叹的。"（见《通信①》）

但读者也不要忘记了时代，拿我们现在的眼光、环境来设想，问鲁迅当时为什么就不直接参加党的活动？党的活动，包括工农兵大众，以及其他一切群众。鲁迅做思想工作，专门向知识分子以及他周围的群众说话，是整个与局部的不同，而局部有时也影响到整个的局面。鲁迅长期以来是这样做了。用他那匕首、投枪，向周围黑暗势力——他所最熟知的——冲锋陷阵。首先解除人们的顾虑，要"世上如果还有真要活下去的人们，就先该敢说、敢笑、敢哭、敢怒、敢骂、敢打，在这可诅咒的地方击退了可诅咒的时代！"（见《忽然想到（五至六）》）

胡风之流的反动和歪曲，借鲁迅的话达到他蒙蔽青年的目的，就是把 1925 年的时代，搬到解放之后了。那就变成了违反时代，远离事实，借鲁迅之名行反动之实。

还是这一年 5 月的杂感上，鲁迅以无比的热爱，爱现在，"应该是执着现在，执着地上的人们居住的"。要以"勇者愤怒"的心情，向不合理的社会奋斗，要再接再厉的行动，向旧社会作不容情的斗争。如果是真的爱"只有纠缠如毒蛇，执着如怨鬼，二六时中，没有已时者有望"。（见《华盖集》）

在《北京通信》里，他答复青年应当向怎样的目标时说："一要生存，二要温饱，三要发展。"又说："我之所谓生存，并不是苟活；所谓温饱，并不是奢侈；所谓发展，也不是放纵。"这个道理，到现在还是需要的。我们党领导大家，号召增产节约，不是叫人们不要丝毫的有意或无意的浪费？有意义地，也就是除自己活了，还是想到大家要活，世界上人都要合理地活下去吗？这是多么伟大的心怀，多么热爱着人间世？

他敢于直面惨淡的人生；敢于正视黑暗的现实。但对于手无寸铁的青年遭受到迫压的时候，是如何伤痛了他的心。他屡次召告青年不要去请愿。现实的残酷性就是一个学校，如女师大，叫做当时的最高学府了，也还遭到堂堂的教育部长章士钊下令其司长刘百昭引领警察及打手和雇用流氓女丐殴打学生出校，禁闭在补习学校空屋中的事件。记得这时我也在学校里和同学们一起享受共同的命运。但眼看着同学们像货物一样被拖走，像罪犯一样挨打，痛哭失声的惨无人道的这一幕活剧之后，我就离开了学校，随即跑向北大学生会告急。连夜开紧急会议，向各界呼吁。待到伪官方在囚禁的人们中查点人数找不着我的消息在报纸上登出，鲁迅对于一时得不着信息的我们几个人是如何焦躁，如何派亲信向各方寻找。至于章（士钊）杨（荫榆）则不顾青年学生远道求学，离乡背井的困难的。他们惟恐拔不去眼中钉，惟恐"啸聚学校"（他们的话），不易达到他们解散目的，正在设法叫两个警察押一个，押解被开除学生六人回籍。试想想，这六个学生，为了学校之事，却要活演"林冲刺配沧州"的一幕，这倒行逆施能不叫天下英雄气愤！学生们就在补习学校悲愤填膺的时候，在校外奔走活动的几个人，这时就走投无路。平日过从很密的亲友，有些也怕惹事拒绝招待了。这时鲁迅就担当起来，说："来我这里不怕！"如是我就在现今故居的南屋，和老同学许羡苏住在一起，躲过了最紧急的几天。事后听到：有几个警察也来过西三条胡同，被鲁迅先生挡走了，这搜捕是多么周密呀！

革命最快收效的是火与剑。要有党，这鲁迅是知道的。而他最丰富具备的是热情，是革命文学者的热情。我们只要翻开《回忆高尔基》那本书，就知道一个革命文学家的高尔基对人是多么热情，对朋友们诉说的生活艰苦是多么爱洒一掬同情之泪，就像孩子一样地时常眼泪盈眶。鲁迅虽然比较能克制些，但常常因为得不到青年们的近况而焦虑烦恼不安，我是每每也为之不安的。更其读到他《记念刘和珍君》和《为了忘却的记念》的哀悼文字，真是一字一泪，用血和泪写出心坎里的哀痛，人间至情的文字。这流露于作者和读者的同声一哭，正是不甘屈服起而抗争奋斗的呼声。是唤起"中国的有志于改革的青年"，"知道死尸的沉重"，急起奋斗的宣言。

请愿的事，列宁敬爱的哥哥亚历山大做大学生时，曾经和同学们在沙皇的时代做过；后来因参加谋刺沙皇而遭到逮捕并被判处死刑。"这个不幸使弗拉基米尔·伊里奇受到了深刻的影响，使他受到了锻炼，使他更加认真地去思考革命所应该走的道路。"（见《亲属忆列宁》）所以列宁主义的党是不选择这条道路的。鲁迅对暗杀的事是不赞成的（见《两地书》）。请愿的事，也"一向就不以为然的。"因为"知道他们麻木，没有良心，不足与言，而况是请愿，而况又是徒手，却没有料到有这么阴毒与凶残"。这是《华盖集·空谈》中，鲁迅一系列沉痛的抗议中继《无花的蔷薇之二》《死地》《记念刘和珍君》而说的。但我们照例还是不断地请愿、请愿。我还忆起"三一八"那天的清早，我把手头抄完的《小说旧闻钞》送到鲁迅先生寓处。我知道他的脾气是要用最短的时间，做好预定的工作的。在大队集合前还有些许时间让我送去。放下了抄稿，我就连忙要走，鲁迅问我："为什么这样匆促？"我说："要去请愿！"鲁迅就讽刺地说："请愿请愿，天天请愿，我还有些东西等着要抄呢。"那明显是先生挽留的话，学生不好执拗，我只得在鲁迅故居的南屋抄起来。写着写着，到十点多就有人来报讯，说铁狮子胡同段执政府前关起两边铁门拿机关枪向群众扫射，死伤多少还不知道。我立刻放下笔跑回学校。第二天，我们同甘苦、共患难的斗士刘和珍和杨德群活生生地被打成僵硬的尸体了，真是人间何世？

鲁迅在《民国以来最黑暗的一天》写了如下的几个不寻常的字："这不是一件事的结束，是一件事的开头。""实弹打出来的却是青年的血，血不但不掩于墨写的谎语，不醉于墨写的挽歌；威力也压它不住，因为它已经骗不过，打不死了。"（见《华盖集续编》:《无花的蔷薇之二》）这是向压迫者反抗的最有力的宣言。

然而，丧心病狂的论客们，却想用血来替主人洗涤，吐出跟着主人摇尾乞怜的狗嘴的话说："学生们本不应当自蹈死地。"无怪鲁迅掷给他们以这样的厌恶词句："3 月 18 日段政府惨杀徒手请愿的

市民和学生的事，本已言语道断，只使我们觉得所住的并非人间。"（见《死地》）

在悼念刘和珍君的时候，鲁迅复以激昂慷慨的陈词，号召青年、革命者："真的猛士，敢于直面惨淡的人生，敢于正视淋漓的鲜血。"（见《记念刘和珍君》）果然继"三一八"之后有"一·二九"运动，有党所领导获至彻底胜利的抗日战争和反抗反动统治的人民解放战争的伟大胜利。

这时的鲁迅在现实面前，已不是袁世凯称帝、张勋复辟时期的自感于个人力量微弱，莫谈国事的空气下，作三缄其口的消极态度，躲在一角抄抄古碑，写写字，钻到钻研碑帖方面上去了。我们并不否认，鲁迅在整理旧文学上，从碑帖、拓本、汉魏六朝墓志、石刻等里面可以发掘出许多有用的东西，为研究中国字体的变迁，久久欲执笔的《中国字体变迁史》和为整理中国唐宋以来的文化、社会风俗习惯、生活进展而另辟途径是费了他积年累月的不少心血的。这心血一直没有着落，以后终他的一生也对碑帖等再没有机会下手，至今对于这项研究工作可说还留空白，自是可惜。但有更急迫的需要，这早已被《新青年》时代取而代之的，就是他不再沉浸于抄古碑而代以写《阿Q正传》……等等即是。但也不要忽略了，鲁迅晚年在上海，当白色恐怖达到了极点的时候，他又想起了那久蓄心中的工作，也还是断续地向河南等地托人找寻资料，来完成他计划已久而未实现的心愿：写《中国文学史》和《中国字体变迁史》。

就从这一时期起，鲁迅的生活变了，他的人生观变了。由于参加到群众斗争中去，他在群众中生长，更加坚定，结束了独自彷徨的荷戟者生活而参与到人海的潮流中，以至走到广东大革命的时代里，又由广东到上海，直接参加了党所领导的左联和各种革命工作，作为时代中的冲锋陷阵的一个小兵而出现。

这个时代的关系，在鲁迅来说，是一条红线贯穿到他的末期，1936 年 10 月 19 日为止的一个时代。

自然，这条红线在鲁迅来说，也只不过是为了便于说明他这一时期的工作而划分的，至少是在我这一方面就自己所能了解、体会到的来说。当然，广义的说，则鲁迅的从医学转到文学上来，就早已萌蘖着他的一贯的文学革命、思想革命运动。五四以后的以李大钊先烈为首的新文化运动等等，都是中国人民急迫需要的药。

时局的推移愈甚，人民的四处寻求偏方、验方、灵方、圣药愈益迫切，就希望有那么一种药到病除的经验良方。可以行之有效的，即十月革命的胜利，中国共产党的领导。鲁迅坚决不移的跟着看到将来，看到必然胜利，看到这一胜利的将来是属于我们的而益加鼓足干劲，毫不休止地工作着。

但空间是有一定的，这时期丢开了搜集石刻而代以崭新的内容，在 1925 年从鲁迅的思想领域上看到他所读的书有：《新俄文学之曙光期》《俄国现代的思潮及文学》《新俄美术大观》《革命与文学》等。和 1926 年还未出北京时看到的《无产者文化论》《无产阶级艺术论》，以及冠以露西亚、新俄等字的书，与线装本的中国书籍占着同一个地位。（参看 1925—1926 年日记的书账）这和未名社出版《苏俄文艺论战》《烟袋》《四十一》等书、介绍新思潮在同一时期。正如鲁迅向人们说的：寻求"新生力量"而以苏联的成就为我们学习的榜样。可以说已逐渐从向往走向初步认识了吧。希望做一点什么事的人，也颇有几个，报纸杂志，也逐渐热闹起来了。诚如鲁迅自己说的："凡做领导的人，一须勇猛，而我看事情太仔细……二须不惜用牺牲，而我最不愿使别人做牺牲（这其实还是革命以前的种种事情的刺激的结果），也就不能有大局面。所以，其结果，终于不外乎用写空论来发牢骚，印一通书籍杂志。"（见 1925 年 3 月 31

日致许广平信）

　　鲁迅用空论来发牢骚，自己感觉到"不外乎"的自叹没有什么作为，但敌人的计算却是锱铢必较，莫须有，还是要嫁罪于人的，怎肯轻易放过！钻网的办法是逃亡。这逃亡就连带着一系列的，人们所熟知的失业、不安定，带来心境恶劣，从八道湾被逐出后大病一场，到砖塔胡同住又不断病中觅新居。新旧病魔缠扰加之1925年大衍发微中的赫赫名单，虽公开有人否认，事实最能打这些人的嘴巴，就是邵飘萍一露头就遭到毒手，不由你不相信。鲁迅于是继着逃亡之后，病又起来了。

　　鲁迅自以为身体是健康的（其实不然），从不加以照顾。他有几种随身法宝的药：阿思匹林、海儿普、奎宁片，无论什么病都先用它，轻泻、退热，抵抗力强的时候过几天就好了；抵抗力一弱，事情积累一多，休息也不见好的时候就不行了，要请医生诊治。他长期患着牙痛、发热、肠胃病。那时医治也简单，从未看见他检查过肠胃病的严重状况，但胃痉挛起来却像硬石块一样抽搐，病不可当。大约至多每隔三两个月或者更短些日子，不是牙病就是胃病或疲劳就头痛发热，却一样地工作、授课，有时算是休息在家了，还是不断地接待客人，装订旧书，抄写什么的没有个休息。你说他不晓得病了需要治疗、休养吗？他懂得的。老朋友们都记得：1917年5月周作人害了瘄子（疹子）病，他是怎样急于四处找医生，急于自己请假陪伴看护病人。又当1921年6月周作人患肋膜炎在西山碧云寺静养一年，他日夕需要佛书披览，鲁迅就三天两日地奔走于城乡之间，仆仆于佛书的输送。劳累之余，自己也患项痛，鲁迅在半路上就大醉一场，也大病过一阵，过不几天又照样地为之奔走了，真像铁打似的。不但这样，回来还要译稿，还要卖稿换钱给西山疗养的病人设法，这就是鲁迅为人服务的态度，似乎从不知道自己也不时生病需要治理的精神。据医生诊断，他也生过肋膜炎，但没有休养，亦未发觉治疗，就对付过去了，其实是拖过去了。在"三一八"后的大病一场，仅仅是各种积劳成疾病况下看到的一个总爆发罢了。

那时医生给以警告，说是不能吸烟、饮酒，否则药力无效。母亲在焦急，家人不敢劝阻，尤其难禁止的是烟。鲁迅自己则竟连日不食少睡。在战斗的环境下首先是保存实力，如果连这躯壳也不存在了，那心灵还有何依托可言？那战斗也就首先向敌人示弱了。我们焦躁不安，向鲁迅进言，将保卫鲁迅的健康毅然肩负起来。

这是对革命的爱，对同志的休戚相共的关怀，人类最崇高的，不知其他的对别人的爱！就在这一种爱的保卫下得到了苏生。鲁迅多少克制住自己的烟和酒，尽量服用些有益于身体的营养物。允许"少住些时"的多留些精力来做第二次的战斗。我们从他在厦门大学时期的尽量调养身体、争取睡眠休息得到充足，就可见他积极地为养精蓄锐作好准备条件，以为下一步战斗得到更好的效果而服务。

二、女师大风潮与"三一八"惨案

女师大事件发生的经过以及有关情节，读者倘一翻阅《华盖集》的正续编，对于当时人物，如杨荫榆、陈西滢、章士钊之流，事件如风潮真相，大底可以了然于大概。他们内有校长的高压，外有正人君子者流的舆论、报刊和流言，上有教育总长章士钊和北洋军阀的段执政，布下天罗地网以对付手无寸铁的学生、群众。鲁迅就是站在学生群众的一边，义正辞严地给予这批羊样的凶兽们以无情的打击，在两本《华盖集》中四分之三是用来攻击他们的。最后他们相率在正义之前失败了，在真理面前缴械了，他们要求"带住"了，鲁迅说：《我还不能"带住"》，这些文章，读起来至今还虎虎有生气，令人浮一大白。有读了古人文章而医好头痛病的，这些攻击章、杨等文仿佛似之。

鲁迅在这次打一漂亮的胜仗，敌人披靡，弃甲曳兵而走，遭到了彻底的失败。

原因何在？一个女学校的风潮事件实很普通，何至闹出若大问题，牵连许多人物？假使这边没有一个鲁迅这支笔，是否就会战败？我们试探讨一下！

最后胜利永远属于革命的一方，反革命者就是目前稍占些便宜，最后终于失败，这是铁的纪律，谁也不能推翻。鲁迅跟着革命的群众一起前进了，获至胜利了。反革命的积聚一批反动力量，看似有权有势，炙手可热，到头还是失败了，这是不可转变的规律。

北洋军阀的黑暗统治已临末日的段祺瑞执政，想和革命的民主主义孙中山作斗争，想和拥护孙中山的革命民主主义者们的千千万青年、群众以及一切人们对抗，是无济于事的。女师大事件，就是这一个具体事例的最好说明。

学生们其始不过想对自己的学业有所提高，对学校措施有些不满，倘使接受这些正确意见的要求，风潮本可避免。但既属于反动的一面，他就有逃不出反动的手法、规律、一套办法：嗾使貌作旁观、置身事外，其实是一伙人的一批在外大说"闲话"，如陈西滢，大放流言；如现代评论派，又颠倒黑白；如《甲寅》周刊与老虎总长章士钊；因而引起公愤，向恶势力表示毫不低头，加以鲁迅随时在旁看出缺点，立即加以驳斥，不使敌人野心得逞，如是而已。

杨荫榆不学无术，到美国镀金回来，拉拢了一些臭味相投的人，活动了几个拥护女人长校、不问贤愚的狭隘的唯女权论者；再投靠了当时权贵段、章，利用了歪曲事实、无耻造谣的陈西滢，就以为炙手可热，人莫敢违了。于是蔑视教师、学生、群众，与人民为敌了。

人民在反抗杨荫榆的卑鄙治校的风潮起来不久，正值革命的民主主义者孙中山先生在3月间逝世，人们痛悼之下，突遭杨荫榆污蔑中山先生是"共产共妻"，不许学生去追悼而大愤。后来借纪念"五月七日"日本军阀强迫中国反动政府签订"二十一条"的这天，杨荫榆利用人民爱国热情，必然踊跃参加大会的机会，而把久已被学生驱逐出校的耻辱，想借国耻而替她洗涤，回校办事，若有违抗，即以捣乱国耻纪念的罪名，施行其险毒阴私的目的。于是着令其私党历史教员（在教育部供职的），要刘和珍和我向杨认错，否则开除学生亦所不惜。我们秉全体同学之命，个人没有错，故决不能认错，倘一认错，则全盘皆输，敌计得逞，万万不可。这个毒计未能使坚持正义的学生屈服，于是杨荫榆躲在校外写出开除六个学生的布告，在清晨挂在墙上，被大众看见，愤不可遏。学生会马上决定不承认这个非法开除，就把这布告牌取下来丢在教室讲台地板内任它无期打入冷宫。杨荫榆四处搜索无着，无法再发布告，我们照样上课。

上海五卅惨案事起，学生们声援支持了上海工人的斗争，女学生们（我们）立刻组织护士训练班，学习看护。但杨荫榆诡计多端，一面扬言学校暑假大修理，大家不准住校，一面向学生请来讲习护士知识的医生进言，婉言劝阻来校，这样学生更加愤慨她的阴谋毒计。离家万里、一时不易回去的各地学生，因不令杨达到欲借题发挥，借学校修理而迫令开除了的和未开除的学生一同离开学校的毒计，就把真相揭露出来。杨荫榆恶毒之一计不成，又生二计，把学校电火断绝，伙房关闭，大门用铁链锁起来，杜绝来往！到了夜里，借烛光维持走动，学生们饿着肚子隔门与各界、亲人、慰问者相对饮泣，而"正人君子们"的流言，使杨有可利用，说"以免男女学生混杂"，欲借封锁以维持并未亲眼目睹的封建；实亦可笑可叹，毫无根据之至的行动。学生们对此感觉鄙夷其阴险，于是我执行学生会总干事的职责，在大门内宣言：像这样关闭电门，迫令燃点蜡烛，倘有失火，无处逃命，为自卫计，大众毁锁开门！命令一声，众人奋起，不一时锁毁门开，亲友执手互庆得以相见了。为避免奸人造谣，学生们请了几位师长住教务处，和有声望的妇女来当临时舍监。这紧张的一夜鲁迅也是来校执行任务之一人，我们就这样把杨荫榆的诡计，一件件揭破了。

手无寸铁的学生何所恃？理直气壮博得直正的舆论，各校学生会和我们一起。支持我们最力的北大学生会更是他们嫉恨的，所以造流言。但我们无所惧怕，因同学中有参加了共产党的，如刘亚雄等人，通过她们，得到党的指示，有了正确的方针路线可以遵循，我们不怕再接再厉而不继！还有真正执行孙中山先生革命的民主主义者也支援了我们，这是光明与黑暗，正义与反动，被压迫者与压迫者，爱国者与卖国者的斗争，一切不愿做亡国奴的斗争。所以步伐越来越众，人越来越多起来，鲁迅是用笔来支持了我们。

也有国民党中的短视者，我和刘和珍去请教他，他鼓动我们说："你们干，放胆的干好了，你们看黄花岗有没有你们！"我当即想：原来闹革命就为的要在黄花岗争一席地？这位先生我就从此不去领教了。

鲁迅在青年、学生中威望甚高，原因是不自私。在学校风潮起来时，他作为一个讲师，没有很多时间在校，本取漠然态度，但因许寿裳先生曾当过前任校长，还有理科主任也是许先生熟识的，正是被杨骂过"岂有此理"的无理话的。鲁迅可能对校事也听到了一些，后来学生被开除了，"正人君子们"又大放流言，把女学生糟蹋得不成样子，章士钊又据流言写成文章刊出，杨荫榆又据之发"感言"，这世上仿佛一团漆黑围攻着青年学生，这才引起鲁迅的注意，替学生拟过两个呈文到教育部，催促赶快另换校长。又感觉污蔑女生太甚，教员应出来说几句公道话，于是亲自拟好稿子《对于北京女子师范大学风潮宣言》，邀请到马裕藻、沈尹默、李泰棻、钱玄同、沈兼士等人共同联名发出，证明学生被无辜开除和学业品性"平素尤绝无惩戒记过之迹"。用挺起胸脯、负责的态度以驳倒那些躲躲闪闪、吞吞吐吐不说人话的"闲话之徒"。而这些"闲话家"们，正是杨荫榆有关的人物，为维护自己派、系、籍的关系，蝇营狗苟地干着污蔑别人的勾当，鲁迅就义正辞严地公开驳斥并直接坦白自己"我的'籍'和'系'"。这种大无畏的对付敌人是前无古人的战略方法，惟有在后来，在党领导下解放战争中的人民解放军才能看到这种精神。

他们自己如此卑劣，却想把这卑劣的行为嫁罪他人，以期封住对方的口，不敢再说什么话。鲁迅是不买这笔账的，所以在几位《对于北京女子师范大学风潮宣言》的具名上，鲁迅起草时就自己写明"国文系教员"，其他签名的人也表明了自己的"系"，结果除了"史学系主任李泰棻"之外，其余六位就都是"国文系教员"，并且都是"某籍"，这就对陈西滢给了一个不轻的回敬。其实只要问事情办得对人民是有利还是有害，其"籍"和"系"本没有什么相干的，惟其自己结党营私，首先就把私心诬加给别人，和流氓自己做了坏事也说别人一样做过，是同样鄙陋行径。

这办法章士钊也一样运用起来，女师大风潮迟迟不予处理，不予解决校长问题。他利用杨荫榆恋栈之心，死硬到底，一面支持她压迫学生，一面暗中布置要他夫人吴弱男来做校长，所以解散女师大如此积极，实想打扫好"臭毛厕"为夫人登坑也。但他倒先行试探，派人向鲁迅说，你不要闹（因鲁迅站在青年一边），将来给你做校长。鲁迅何等样人，岂为图做校长而闹事的。鲁迅不予理会，于是他就越权撤鲁迅教育部佥事的职以泄愤，揭开章士钊处理女师大风潮的事件，就是如此见不得人的。

后来女师大风潮不是单纯的一个学校的事件了，牵涉到北大。因为女师大的国文系，也就是我选课的一系，六位教员都是在国文系任教的，也都是在北大任教的，更是素来多是反对胡适的。北大自蔡元培先生辞职之后，兼收并蓄的风气逐渐消灭了，成为独家天下，要能在北大不被排挤，就得向这些人低头，尤其向胡适派低头！所以他们的骂鲁迅，内幕在此。更揭开些来讲，女师大风潮，也是亲英美留学生派，向人民揭起反叛的序幕。从章士钊、杨荫榆、陈西滢等等到胡适的狐群狗党，查一查他们的学历，就不河汉斯言。

以上的斗争是相当尖锐的，敌人大权在握，就不惜使用武力制造事件以泄愤恨，所以"三一八"惨杀之案起来了。因此可以说："三一八"就是女师大事件的继续，也就是人民反对黑暗势力，而被反动恶势力用血屠洗，以期达到压迫人民的目的。

三、鲁迅的讲演与讲课

鲁迅是一个平凡的人，如果走到大街上，绝不会引起一个人的注意。论面貌、身段、外面的衣冠等，都不会吸引人的。至多被人扫射一下，留下了淡漠的印象：在旧时代里的一位腐迂，或者是一个寒伧的人；一位行不惊人的朴素得连廿世纪的时代似乎也遗忘了的从乡下初出城的人士一般。这是在 1927 年以前北京旧社会一般的人所容易看到的，实则是一个被旧社会压得连气也透不过来的，反抗这阶级并要带领着大家奔走向前的战士。

而他的面色灰暗，乍一看有似长期吸毒（鸦片烟）的瘾君子，更加以具有平常严峻的面孔，初看起来，不了解的会当他是拒人于千里之外的不容易相处的人。在去杭州的时候，因此吃过亏，更加使当时的军警严厉的搜查。我们不要以为当时的政府会那么好，关心到人民生活，用各种方法严查吸烟的人；也不要以为当时的军警也是关心人民生活，严格执行法律的人；他们是别有企图，查出吸毒的人或物，就可以从中发一笔横财的，是不怀好意的工作态度的。这也难怪其然，工资低，生活苦，正直的人得不到同情，处处受打击，一些人没法走正道，把心一横，就四处找横财了。每逢元旦见面，人们头一句总是"恭喜发财"，"横财顺利"。是这样的社会相，也就是鲁迅活了快六十年来为之痛心疾首的社会和人民。

　　但在讲台上，在群众中，在青年们的眼里所照出来的真相却不一样。他那灰暗的面孔这时从深色的罩上面纱的一层灰暗里放出夜光杯一样的异彩。人们听到他的声音就好像饮过了葡萄美酒一般地舒畅。两眼在说话的时候又射出来无量的光芒异彩，精神抖擞地，顿觉着满室生辉起来了。有一位作家郑伯奇同志，于 1936 年的回忆，题为《鲁迅先生的演讲》，描写得很生动具体：

　　　　……一个广大的文学组织宣告成立。就在这时候，为了将新的文学主张扩大宣传起见，鲁迅先生和笔者便被派到沪西 D 大学去演讲。

　　　　……

　　　　那时候，鲁迅先生是住在东宝兴路景云里。他一个人在书房里，脸色很不好，他告诉我们他病了几天，夜里睡不着，牙齿都落掉了。他表示不能演讲，还把落掉了的一颗大牙齿给我们看。

　　　　代表很为难。他说，同学都在等待着鲁迅先生去，若第一次就使同学失望，以后什么怕都不好进行了。我是知道自己不会演讲，唱独脚戏准得失败的，故也极盼鲁迅先生出马。看见这样情形，鲁迅先生终于答应我们，带病同去了。

　　　　D 大学的礼堂兼雨操场是挤满了人。新的文学团体固然也有点号召力，但，大部分的学生是为瞻仰鲁迅先生的言论丰采才集合起来的，那是毫无疑义。

　　　　由我来唱了开锣戏。现在，连演讲的题目都忘记了，内容如何自然更无从记起。大概不外乎是当时开始受人注意的文艺与社会关系的问题。

现在想起来还要汗颜，笔者讲了不到一刻钟，听众是一个去了又去一个。偌大一座讲堂只剩下寥寥不到百十个人了。我心里有点发慌：

（头一炮就打不响，鲁迅先生又有病，这却怎么办好？）

心里越急，口上越乱。什么"意德沃罗辑"呀，什么"印贴利更地亚"呀，什么"狄亚列克特"呀，这一类生硬的术语，只在口边乱撞。可怜那百十个听众又渐渐散开，变成乌合的散兵线了。

看光景还是趁早退场好，于是赶紧作了个结束了事。

耳边懵懵懂懂听见一阵热烈的鼓掌声，是鲁迅先生登坛了。

怕是有病的关系吧，鲁迅先生的声音并不高，但却带着一点沉着的低声。口调是徐缓的，但却像是跟自己人谈家常一样亲切。

他先从他的家乡说起。他说，他是浙东一个产酒名区的人，但他并不爱喝酒。这样，他对于曾经说他"醉眼朦胧"的冯乃超君轻轻地回敬了一下。

以后，他便谈他家乡的风俗。语词是记不清楚了，大意是他的家乡那里，讨媳妇的时候，并不要什么杏脸柳腰的美人，要的是健壮的少女。由这类的例子，他归结到农民和绅士对于美观的不同。然后，他用实证，揭破了"美是绝对的"这种观念论的错误。而给"美的阶级性"这种思想，找出了铁一般的证据。

在朴实的语句中，时时露出讽刺的光芒。而每一个讽刺的利箭投射到大众中间，便引起热烈的鼓掌和哄堂的笑声。

不知什么时候，屋子里添进了那么多的人。偌大的一座讲堂是挤得水泄不通了。连窗子上面都爬着挟书本的学生。

演讲是在热烈的空气中宣告了成功。在散会以后，D校马上成立了一个新的文学组织。

这当然是鲁迅先生抱病演讲的功绩。

从这个具体的例子看来，理论性的说话还需技巧的，主要还是讲群众所要听的，所能了解接受的。鲁迅演讲和上课堂的时候，一样的捉住听众所需要的，朴素地用语言传达起来，随时加以分析，而又能驳掉别人的谬误见解；自己的例证，又是浅显易懂，为人们日常生活所已知的，绝不用深奥的大道理迷惑人。每每在几分钟之内，就掌握了群众的思想，获得了伟大的胜利。而事业也借此建立起来。如D大学的文学组织的宣告成立，就因鲁迅几句话而直接发生了良好影响。当时上海的进步力量或左翼团体的纷纷成立，是在党的领导下，分别教育群众、联系群众，在困难的情况下，点滴收获是不易的。开个会，成立个团体也是不易，因之更珍惜这会的能够开成，说话的人获至预期的效果，而鲁迅就是体会着这样的精神而去的。

……

我以听讲者的体会证实了作家郑伯奇同志所遇到的情况。鲁迅以朴素的、质直的、不加文饰的说话，款款而又低沉的声音，掷向听众，掷向四周的空中。如同听广播一样又加以电视，亲切地听到、看到他的声音笑貌，先得我心。说出了人们普遍懂得的事物的真理，说出了人们心坎里所正要说出而未能说出的语言。朴素而率直的，就像他说话一样，换得了人们的信任。也像他写的文章一样，雄辩地驳斥了异端邪说，摈弃了弥漫世间的乌烟瘴气，给听众如饮醇醪，如服清凉散，这种话语，听一百遍也不会厌，就可惜时间太短了，人们在他结束时报以热烈的掌声，赞许声，有余未尽的可惜声。我常常向鲁迅提起，假使你多在群众面前说话，那说服力，那看得很远、很透的真理，那语惊四座的效果，那完整无缺的明白痛快的一击，那强劲有力、万夫莫当的气概。那在讲台上整个瞬息万变的音容笑貌，简直就是速写不出的活的精致的艺术表现，就连高超的匠人也刻画不出。如果利用这说话作宣传工具，对党的工作的贡献，一定也不下于你的文章呢。他默许我的话。

但是谁使他没有发言的机会的？是黑暗的政治压迫！

诚然他曾经考虑：教书（说话的一种方式）和写作的互相矛盾。但他的说话机会被剥夺了，实是我们当时无比的损失。他觉得"因为这两件事，是势不两立的：作文要热情，教书要冷静"（见《两地书》：《第六十六》）。时时想到专从事于写作。到上海之后，果然辞去教书专心一致地做编写的工作了，成就确是比较大的。看他末期十年的生产量，是较之头二十年合起来还不止一倍，就可以证明。

然而毕竟使我们感觉到停止了讲话是多么可惜。听过讲的人们不会忘记：无论在北京，在厦门，或在广州，他的讲课都是那么吸引人，以致别科别系的学生，或偷听课的学生（在北大时期），都一致的津津乐道听过他的课。而且每个地方都一样的得到热烈的拥护，其中必定有道理存在着。

他干脆、守时刻，走到讲台上就打开包裹，那黑地红色线条的布包，为他所喜爱的代表钢铁与热血的两种色彩的包裹，无异把他坚定如铁，热情如血的整个人生展示给大众。他一点也不浮夸，他的包里什么都有，就是没有些儿虚假，不太多也不太少的称出来，货真价实，童叟无欺地讲出来。脸上的两只亮晶晶的仁慈而坚定的眼珠子，就好像洞察一切地扫射出来。他又何必点名呢（以前学校上课一开始是点名报到的）？横竖一个也不会少，连生病的除非起不来了才告假。像真理一样普遍，他到过的学校都是这般情景。

他是严峻的，严峻到使人肃然起敬；但瞬即融化了，如同冰见了太阳一样，是他讲到可笑的时候大家都笑了。有时他并不发笑，这样很快就又讲下去了。到真个令人压抑不住了，从心底内引起共鸣的时候，他也会破颜一笑，那是青年们的欢笑使他忘却了人世的许多哀愁。

那爽朗松脆的笑声，常常是发自肺腑中，无拘束地披诚相见的时候，更加是在遇到知己的时候，痛快地，对自己的命运、世界的前途都感到有不可动摇的信念，完全了解了自己也相信了对面的人的时候。不多遇而也确乎遇见的像他和瞿秋白同志的见面，就有这样的炽烈而明快，灵魂的深处有着不可制服的力量的样子，释然于怀的欢笑爆发出来。多难得的遇合、相逢呀！在那个时候。

在讲课中，比较为众所知的是讲《中国小说史略》。听过的人比较多，也许讲的内容大略相同，而未必全然一致。但总之，听者都满意了。我是有幸听过两次的。一次是做学生时候在课堂上的；另一次是旁听：他用日语讲给增田涉先生听的，我算是为学习日语之助的旁听生。那时是1931年的时候，我们生活上永不会忘记的刚刚度过柔石等人被害之后，我们才从避难的旅舍回家不过住了一个多月，也就是4月11日，从增田君和内山夫妇来到我家吃晚饭认识起，增田君每日下午都来。有时讲课之余，鲁迅往同文书院讲一小时的《流氓与文学》，是同他去的；也曾带来另一位日本朋友，这时就会谈至晚上才行分散；或者一同往电影院、展览会；有一回还看过不终曲而去的歌舞团演出。又或兴之所至，晚饭后忽然跑去跳舞场的池子旁坐着看一阵子的跳舞。在多样性的、并不枯燥无味的生活中，朋友般地这样度过了几个月，在鲁迅生活上是难得的。到7月11日的下午，日记只写着那么简单的几个字；"为增田君讲《中国小说史略》毕。"而在鲁迅却是为一个不认识的青年，每天用去大半天的时间，做讲解工作。详尽地、无私地给予文学上的帮助。这时藤野先生的印象活跃在他的脑海：为文化交流、中日友谊而服务是值得的。这里看到鲁迅帮助青年的热诚，有似园艺匠人为中国的佳种获得新的移植而愉快欣慰的心情，是无可以言语形容的。

增田君原是从日本盐谷温先生那里学过《中国小说史略》的，根据他的证明，益信盐谷的教材取自鲁迅，而不是如当时一些中国无聊文人所说：是鲁迅盗窃他的了。

当我自己在课堂上听讲《中国小说史略》时，也许我们听讲时程度低，和别的学校有些两样。鲁迅对我们讲《中国小说史略》的时候在早期，那时的书还刚刚在北大第一院的新潮社出版，是1923年的12月，我们就人手一本的拿这分装成上下册的《中国小说史略》做课本了。前三篇课本还没有印出，是用中国的油光纸临时印的，现在手边没有了。但那上下册的两本课本，还在身旁，就从这引起我的一二回忆，以告没有听讲过的读者，但也只是一鳞一爪，未必完整的。如第四篇《今所见汉人小说》，他对"大旨不离乎言神仙"的东方朔与班固，又明确的指出：前者属于写神仙而后者则写历史，但统属于文人所写的一派。《神异经》亦文人作品。而道士的作品，则带有恐吓性。有时一面讲一面又从科学的见地力斥古人的无稽。讲到《南荒经》的蚰虫，至今传说仍存小儿胃中，鲁迅就以医学头脑，指出此说属谬，随时实事求是地分析问题。在《西南荒经》上说出讹兽，食其肉，则其人言不诚。鲁迅又从问路说起，说有人走到三岔路口，去问上海人（旧时代），则三个方向的人所说的都不同。那时问路之难，是人所共知的。鲁迅就幽默地说："大约他们亦是食过讹兽罢！"众大笑。《中荒经》载西王母每岁登翼上会东王公。鲁迅说：西王母是地名，后人因母字而附会为女人，因西有王母，更假设为东有王公，而谬说起来了，犹之牵牛织女星的假设为人，乌鹊填桥成天河，即与此说相仿，为六朝文人所作，游戏而无恶意。他随即在黑板上绘出中央一柱状为"翼"，东王公西王母相遇于中央的状况，更形象地使人们破除了流传西王母故事的疑团。谈到《十州纪》，亦题东方朔撰，但中有恐吓，故鲁迅疑为道士所作。其中宫室有金芝玉草，服食有龙肝凤肺，居住有仙宫，都是道士特意写的与常人不同。又如武帝时，西胡月支献香四两，烧于城内，能起死回生，于是信知其神，"乃更秘录余香，后一旦又失之"（见《今所见汉人小说》），已经是故神其说，从空想的香的不是凡品，又入到事实上以坚人信，如果厚待月支使者，则"帝崩之时，何缘不得灵香"（见同上），是道士怕人不相信，故为此语，这都是他随讲解而分析的。后来他又引申到"恐吓"二字，他说分析利害，辩明是非，则是煽动性的文章，是革命者的说话，是入于恐吓之类的善者一面的。关于"金屋藏娇"，原出于《汉武帝故事》，他四岁时，人问欲得妇否？答以欲得，指左右百余人，皆云不用，末指阿娇好不？乃笑对曰："好，若得阿娇，当作金屋贮之也。"后人移用于纳妓，说是"金屋藏娇"，实乃大误的。

　　鲁迅讲书，不是逐段逐句的，只是在某处有疑难的地方，才加以解释。如说到《汉武帝内传》时，他首先讲出：故事，是文人所作，内传，则为道士所作。道士是反对佛教的，而《汉武帝内传》于王母降临的描写则多用佛语，字句繁丽，而语则似懂非懂，以迷惑人，属于神秘派之类。其中之句如"容眸流盼"的"容"是指颜面，颜面如何能流盼呢，不是不通就是多余之字了。大约作古文之法有二秘诀：一为"省"去"之乎者也"等字，二为"换"成难解之字，也就是以似懂非懂的字句以迷惑人，又多用赘语如"真美人也""真灵人也"，灵与美究有何分别？用了许多不可测之字和语，如骂人曰牛曰马，人易了解其骂我为牛为马，因明白易懂得。如果换了猹，喳来骂人，则比较难于认识，至多体会为犬旁，则大抵属于以兽类骂我，但口旁的喳字，则究竟指的什么东西呢，恐怕连字典也没有这个字，无从索解，使被骂的人，也觉得因不懂而心中不安。古文难测，其弊多在此，神秘派之秘也在此。

又，古时席地而坐，西王母如何坐，武帝如何跪，拜又是什么样的，现在恐怕很多人不大了解了，鲁迅深通字体变迁的历史，他用很简单的方法就写出来，让人一目了然了。坐 乄，跪 乙，拜 乄，这就是古代人日常坐起方式。

杂载人间琐事的《西京杂记》，有与历史有关而正史没有记载的，如吕后之杀赵王事（如卷一）；有似考据语，令阅者恍以为真，实作者故作神妙的（如卷三）；又齐人弹琴而能作单鹄寡凫之弄；武帝以象牙为簟，都在有无不可知之列，是足以令人疑信参半，是作古小说的人写下"空中楼阁"的妙手秘诀。

照这样讲解字句，当时文章流派，内容的荒诞与否，可信程度如何，都在书本之外逐一指出，使人不会因读书而迷信古人，是很重要的。

"巫风"到汉末而大畅。鲁迅在讲到第六篇《六朝之鬼神志怪书》时说：拜鬼属于迷信，人们划出阴阳二界，以为阳界属人则阴界属鬼。写人以"传"，写鬼是"志"。既信有鬼则烧纸物等，成为纯消耗性的，于国民经济有关的，影响实是不浅。

又如《太平御览》载："武昌新县北山上有望夫石"，鲁迅为之分析：是属于拜物教的以无生物为生物，附会生说的。又或人与动物不分，二者常交互变易，都是妄说，这就教人读古书而应加以区别看待。

释典，天竺故事之流传世间，在印度讲出世，是说作人诸多苦恼，不好。这似乎说得不错，佛教经典也无非说说而已，即在印度本土，亦不能实践，盖印人言出未必执行，这是揭开佛说连印度也不能遵行的情况。

《唐之传奇文》中谈到元稹的《莺莺传》，其后来的各自分飞，张生解释为"大凡天之所命尤物也，不妖其身，必妖于人"，因而舍弃莺莺，社会上（时人）多许张为善补过者云。鲁迅于讲解时不以为然，他同意有人说《会真记》是写的元稹自己的事，目的在辩护自己。是属于"辩解文"一类，不是为做小说而做的。

从《会真记》鲁迅又谈到中国人的矛盾性。他说：中国人（指旧文人）矛盾性很大，一方面讲道德礼义；一方面言行又绝不相关。又喜欢不负责任，如《聊斋》的女性，不是狐就是鬼，不要给她穿衣食饭，不会发生社会督责，都是对人不需要负担责任。中国男子，一方面骂《会真记》《聊斋》；一方面又喜欢读这些书，都是矛盾性存在之故。

李公佐写"禹伏无支祁故事"，"明吴承恩演《西游记》，又移其神变奋迅之状于孙悟空"，自《西游记》出，孙悟空的活跃代替了唐之无支祁传说了。追源无支祁说成立之故，据鲁迅说：有山下而面临水之处，适山下有大铁链，则文人为之附会其说，谓铁链后必有被锁的东西，这东西又必是怪物才被锁，而能伏怪物的必是了不起的人物，这人物是谁？则首推大禹，因禹治水故，层层推想附会而成故事。

鲁迅批评宋不如唐，其理由有二：1、多含教训话语，则不是好的小说，因为文艺做了教训的奴隶了；2、宋传奇又多言古代事，文情不活泼，失于平板，对时事又不敢言，因忌讳太多，不如唐之传奇多谈时事的。这一分析，对我们学习很有帮助，所以听讲的时候，觉得对书本以外的教益实获益不浅的。

讲到第十四篇《元明传来之讲史》，谈到宋江故事时，鲁迅说：

小说乃是写的人生，非真的人生。故看小说第一不应把自己跑入小说里面。又说看小说犹之看铁槛中的狮虎，有槛才可以细细的看，由细看以推知其在山中生活情况。故文艺者，乃借小说——槛——以理会人生也。槛中的狮虎，非其全部状貌，但乃狮虎状貌之一片段。小说中的人生，亦一片段，故看小说看人生都应站立在第三者地位，切不可钻入，一钻入就要生病了。

像这样的坦白而透辟的指引，对青年们每易中了小说之迷而跟着小说的状况随而喜怒哀乐的，如同看戏的人看到戏中人的遭遇而跟着忧戚一样，就不是站在第三者的地位了。这里鲁迅教导我们不但看小说，就是对一切世事也应如看槛中的狮虎一般，应从这里推知全部状貌，不要为片断现状所蒙蔽，亦犹之马列主义教人全面看问题一样道理。所以虽说是听讲《中国小说史略》，实在是对一切事物都含有教育道理，无怪学生们对这门功课，对这样的讲解都拥护不尽，实觉受益无穷。大家试想想，有谁从讲解中能广博到这样，把一个大道理从文艺、狮虎、槛的比方，来了解一切事物的真理呢？鲁迅的讲学，他的说话，和演说时的讲话风格不同，精神则一致的。

四、北京时期的生活、读书

《呐喊》自序里有这样的字句："叫喊于生人中，而生人并无反应，既非赞同，也无反对，如置身毫无边际的荒原，无可措手的了，这是怎样的悲哀呵，我于是以我所感到者为寂寞。"

这是有志于反抗、热爱自己的国族的人们所同样具备的遭了挫折，抚摩着伤痕，而周遭的人还是如梦未觉的悲哀。而文学者尤感敏锐的刺痛了整个心灵，也就是鲁迅所说的"这寂寞又一天一天的长大起来，如大毒蛇，缠住了我的灵魂了"。

这是多么可怕的遭遇呀！这时中国人民懵懵懂懂，虽然党的旗帜已经开始树立了起来（1921 年），还未能引起鲁迅的注意，他还自在抄古碑以麻痹自己。但相信环境论者早就证明，既然有人起来呼喊，就不寂寞，就有条件的创立。《新青年》救了鲁迅的寂寞，而鲁迅潜伏在体内的激流因堵塞而感到不舒适的"无端的悲哀"，在《狂人日记》《孔乙己》《药》等的陆续发表而走向正道。如山洪的趋向沟壑，有了归趋，这正是鲁迅所需要的，也是唯一重要的：就是"有无端的悲哀，却也并不愤懑，因为这经验使我反省，看见自己了"（见《呐喊自序》，这"看见自己"也就是毛主席时常教导我们的自我批评）。鲁迅从此面向人生，面向真正的现实的社会前进。

在前进中鲁迅也还不免摸索着，步步为营地走着，从他接触的事物中寻求着。现在，我试从他的阅览书籍中找些思想的线索，也许这是我自己的一种极初步的学习、工作方法，未必准确能够说明问题，姑且试试吧！

1912 年，《鲁迅日记》开始的一年，5 月间到了北京，就职于教育部。时部中工作尚未就绪，鲁迅住在城外山邑会馆，因长途劳累，到后觉感冒发热，但发热之次日就到部视事了。首先给他感到失望的是"枯坐终日，极无聊赖"。这是当时教育部的情况。一直继续着无聊赖的工作，使鲁迅得闲阅览一些书籍，如《中国名画集》，作家文集，金石拓片，又"补绘《於越三不朽图》阙叶三枚"。有时又患头痛，也做关于《美术略论》的演讲，因这时蔡元培长教育部，鉴于新思潮起，人们破除迷信，乃提倡以美术代宗教。鲁迅在教育部社会司任职，盖奉命演讲。然而就此亦可窥见鲁迅平时浏览图书之广泛，才能胜任得了。其时鲁迅初到北京才不及两个月，留心历史掌故，就借得《庚子日记》二册阅览，但不能满意。"读之，文不雅驯，又多讹夺，皆记拳匪事"，鲁迅从文字的不"雅驯"与"讹夺"，予《庚子日记》以批判，更进一步看到这位作者的思想不对头，写"拳匪"的事实，乃义和团反对洋人的人民热爱其种族的一种表现，对于压迫我们的异族异国起来反对的勇敢行动而一般人称之为"匪"，鲁迅于此发生疑问，探讨真相，但书本上记录却令人失望，致鲁迅评书中所描写为"其举止思想直无以异于斐澳野人"，因而不满。又向当时目睹现状的友人了解，这是一种不读死书的明证，也就不会被书所误，不会如书所描写的思想，直以义和团与斐澳野人无异了。

旧社会的措施，和我们今天凭着一种思想：马列主义与毛泽东思想来正方针政策是不同的。一个部长的任免，关系到他这个部的一切行动，例如"美育"的提倡，是以蔡元培为首的，所以他当部长，就在部内设"夏期讲演会"，要鲁迅讲述"美术略论"，其实也不过做些美术的启蒙工作而已。首次在6月，"听者约三十人，中途退去者五六人"。到7月5日第三次讲演的时候，鲁迅如期赴会，而"讲员均乞假，听者亦无一人"了。原来7月2日蔡总长第二次辞职的消息已被众知晓了。到7月12日，《鲁迅日记》写着很愤慨的字眼："闻临时教育会议竟删美育。此种豚犬，可怜可怜！"这就是主持教育会议的人也不再考虑美术的必要了。到7月15日果然揭晓出来："下午部员为蔡总长开会送别"的例行敷衍的表示一番，至于内幕如何，历史家另有考证，这里不细说了。《鲁迅日记》上写出"不赴"二字，以表示自己的态度。至于拿现在的眼光评衡美育问题，则在今天来说是有待商讨的，不过鲁迅从少至长，爱好美术，自己颇有领会，为文学艺术中的一面，亦觉不可厚非，然当时的执掌教育行政的人们，则除了蔡元培，其他更不必与语了。

从5月至岁末的书账后面，鲁迅有如下的感慨系之的对购买书籍的意见："审自5月至年暮，凡8月旬，而购书百六十余元，然无善本。京师视古籍为古董，惟大力者能致之耳。今人处世不必读书，而我辈复无购书之力，尚复月掷二十余金，收拾破书数册以自怡悦，亦可笑叹人也。"

到了1913年，鲁迅还是在公余之暇，承隙读书。这年所看的书相当广泛，如诗话、杂著、画谱、杂集、丛书、尺牍、史书、汇刊、汉书补、墓志、碑帖等，大约是博览的性质。因多属古籍的阅读，所以自己晚间乘暇又从事校订工作，这年1月间就记着"夜以汪氏、孙氏两辑本《谢承书》相校尽一卷"，到了3月5日又记着"夜大风，写《谢承后汉书》始"，直至同月27日才在日记里留下一行"写《谢承后汉书》毕,共六卷,约十余万字。"28日夜就又"写定《谢沈后汉书》一卷。"29日:"夜写定《虞预晋书》集本。"至31日:"夜写《虞预晋书》毕,联目录十四纸也。"到了9月7日,又见他夜里工作:"夜写《石屏集》序目毕。"在10月15日,他对《嵇康集》的校勘工作开始了:"夜以丛书堂本《嵇康集》校《全三国文》,摘出佳字将于暇日写之。"到19、20两天的晚上都是校《嵇康集》,20日晚且记着:"夜校《嵇康集》毕,作短跋系之。"至于他校了之后什么时候"写"《嵇康集》的呢,日记中未有明确记录,只于12月19日的夜里记上一笔"续写《嵇中散集》",则是在这之前已在进行工作,直至同月30日:"夜写《嵇康集》毕,计十卷,约四万字左右"。

(翻译工作,为了应教育部《编纂处月刊》而翻译的几篇从日人上野阳一著的有《社会教育与趣味》和《儿童之好奇心》。)

这一年离辛亥革命政府成立才是第二年,刚刚推翻满清,(旧)民主革命初获胜利,鲁迅才不过三十三岁,正应朝气勃勃,大有所为的时候,而一接触到现实,则全不是那么回事。以蔡元培的老成持重,兼容并蓄的胸怀,到京未两月而宣告辞职,继任范源濂不到半年,而代以海军总长,其对于业务的外行,是所当然的,奇怪的是委任这种人掌管教育的无知。鲁迅这年2月5日到部听了这位总长的演说,批评他"不知所云"。后来连次长董士恂亦不耐与之合作,4月即告辞职,这一辞职连总长也迫得于5月辞去了,9月才换来一个汪大燮任总长。就在这个月的28日,孔子诞辰演出一幕复古丑剧,鲁迅记其始末如下:"昨汪总长令部员往国子监,且须跪拜,众已哗然。晨七时往视之,则至者仅三四十人;或跪或立,或旁立而笑,钱念敏又从旁大声而骂,顷刻间便草率了事,真一笑话。"

教育部之不成样子，是我们今天的读者再也梦想不到的事。而鲁迅的记载，不过寥寥数言，间或不言，而其内心抑郁，积郁成疾，固是难于令人忍受的。到了同年10月，洪宪称帝，袁世凯篡夺孙中山革命成果的时候，鲁迅在10日只登了"午闻鸣炮，袁总统就任也"的几个字，不置一辞，盖茶楼酒肆，早已暗探密布，张网待投，谁不作明哲保身之计？而鲁迅还不能已于言，在10月1日这第一天先就写着："夜抄《石屏集》卷第三毕，计二十叶。写书时头眩手战，似神经又病矣。无日不处忧患中，可哀也。"

上面所引的至少说明两个问题，第一个是：他在百无聊赖的时候，就抄书消愁，以及后来的抄碑帖。我们记得：他不是后来在黄埔军校讲演时说过"有实力的人（指反动统治阶级），并不开口，就杀人，被压迫的人讲几句话，写几个字，就要被杀"，所以当时老百姓为逃避不知所犯何罪的无故避杀，就统而言之说："莫谈国事。"这就对照出旧时代的人们生活苦恼来了，连国事也不许谈。现在我们不是连小学生也懂得国事，连幼儿园的小孩子也会骂美帝野心狼吗？从这里该可以体会鲁迅时代内心的苦恼是到怎么样的程度了。

以三十三岁的青壮年时代的鲁迅，就因"无日不处于忧患中"，折磨得"胃痛""神经亢奋""头脑岑岑然""齿痛""头痛身热""咳嗽"，就1913年中，1、2、3、5、8、10、11、12的几个月中都记录着各种病痛，而这些又互有关连的，如：睡眠不足疲劳，用脑多的人易患牙周炎，又兼龋齿，所以鲁迅的齿痛常常犯起来，致不明医道的母亲，有时会从旁说"这是他自己不好"。使鲁迅无从辩解。又多构思则血集于脑，牙患也影响于消化，而消化力弱了，鲁迅的胃病，其实还是因忧思过多，消化不良之故，但似乎一直没有彻底研究病由。至于咳嗽、发热之缘于肺病，恐是早年已感染而不自知，或以为晚年肺病无碍，故不警惕注意。窥其逝世前的几个月，一知病肺，即小心翼翼不与妇孺接触，即可知了。在这时期，他是和病痛作捣乱，毫不理会，照样工作，有时自己服些药对付过去，非到影响工作，从不罢休的。观其在 1912 年 6 月 18 日日记："晨头痛，与齐寿山闲话良久，始愈。"1913 年 1 月 6 日："晚首重鼻室似感冒，蒙被卧良久，顿愈，仍起阅书。"和 10 月 29 日的抱病办公："在部，终日造三年度（辛亥革命后第三年）预算及议改组京师图书馆事，头脑岑岑然"的例证，以及平常有病不以为病，还是一样的办公、出外、接待客人、处理事务，到真个需要休息告假了，还是在寓装订旧书，或作抄写，鲁迅就是这样利用他一点一滴的精力，为群众贡献他的一切力量，甚至超过他体力所能负荷的。这里我想起解放军战士的精神来，每于自己遍体鳞伤，肢骸破碎，而仍奋勇当先，克敌致胜的道理了。

"忧能伤人"是众所熟知的成语了，讲卫生的医师总教人快乐，而世事蜩螗，"聪明人"是会随流合污的，"傻子"则不然，鲁迅这时的苦闷彷徨，就感到弄文字的无力，"最不中用"，而自己又"决不是一个振臂一呼应者云集的英雄"，左右为难，于是乎感到时时的病魔缠绕了。

鲁迅的感触又真多，这时已然如此。人或以为鲁迅自招烦恼，自己爱发脾气，其实揆情度理，是有可以致恼之由的，但麻木之人，熟视无睹，而鲁迅则当四周寂寞如死的境况下，不为屈子之自沉，当如何自见呢？这是他日夕苦思的。

北京的天朗气清，月光皎洁，也常使这位革命诗人欣赏，以佐豪兴，初忘尘秽，这就足见其非不爱欣赏。如 1912 年的 8 月 22 日，"晚……饮于广和居，每人均出资一元，归时见月色甚美，骤游于街。"同年 9 月 25 日"除历中秋""返室，见圆月，寒光皎然，如故乡焉"，则已具思乡之念了。

然而尘俗中的雅游难得，转瞬又为尘雾所包围而致窒息了，且举其简而又简的1913年日记为例，除了上述忧患而外，身边琐事，也无一不令人难以忘怀。如2月8日："上午赴部，车夫误蹴地上所置橡皮水管，有似巡警者及常服者三数人，突来乱击之，季世人性都如野狗，可叹！"这是在路上，人身毫无保障的情况。再试作赏花雅兴，却亦遇到不清静的俗人，如演戏中的花花公子活跃在现世。这年5月5日："下午同许季市往崇效寺观牡丹，已颇阑珊；又见恶客纵酒，寺僧又时来周旋，皆极可厌。"似这等事，如果你采取麻木态度，自可泰然处之，但既欣赏花，则不应有扫游人之兴。鲁迅对这些俗人，自然怃恶难耐，惟有赶速避去耳。同月18日："田多稼来，名刺上题'议员'，鄙倍可笑。"日本人的名刺，爱在上面罗列着许多衔头，本已司空见惯。以见惯这类名刺的鲁迅，忽而对田多稼的议员头衔的摆出，特觉可厌者，因那时的议员，享有特权，到处被优待，名刺上摆出，大约令见者亦必肃然，此种摆空架子的态度，鲁迅是觉得讨厌的。稍一出门，又无故招致烦恼，仿佛随地荆棘似的旧社会，真不是今日之我们所能想像的。

抄录于此，聊作新闻：同年6月20日《鲁迅日记》："夜抵兖州，有垂辫之兵时来窥窗，又有四五人登车，或四顾，或无端促卧人起，有一人则提予网篮而衡之，旋去。"这是张勋的辫子兵，在徐州一带跋扈骚扰的恶劣状态，行人无知之何的。今天我们日见解放军与人民亲如一家，抢着解除人民困苦的，已成司空见惯的情景，再回忆一下鲁迅行路难的像遭遇灾难的样子，两两对照则知革命给每个人的好处实在不能以言语传述透尽的。到是岁之末，还有一桩令人啼笑皆非之事："下午雷志潜来函，责不为王佐昌请发旅费，其言甚苛而奇，今之少年，不明事理，良足闵叹。"（见1913年12月

26日日记）这个详情没有说明王佐昌请发旅费的原因与关系，但看鲁迅说他不明事理，则必是无理于求的了。因为是青年，鲁迅予以"闵叹"而已，然不明事理，亦岂此一青年？这里又包含着青年应明事理的意思在内，而有些青年确也对事理漠不关心，问题一来，连自己也不知措手，于是到处像浮萍一样，沾着在谁的身上就要谁来应付似的，这情况实亦不难遇见的。

鲁迅的日记，过于简略，却从这简略中也找出不少蛛丝马迹，可资研究的。难阅读写作方面（手稿似有脱字），稍加宽泛些来看当时的社会，实亦一面良好的镜子，照出世态万端的各方面来的。

但1913年还有一点小尾巴，就是3月间（即从去年5月到北京至此不及一年）鲁迅"下午整理书籍，已满两架，置此何事，殊自笑叹也"。这里看到鲁迅得间即购书，对于书的酷嗜。另一方面，说明这些书并非他的目的物，即满两架，也等于无书一样，这就说明他一直对中国书的态度，他不是对青年说要少看或者竟不看中国书吗？这里表示出他自己也笑叹自己的，是对青年和自己采取一致严肃的态度，并不如某些人所说，他自己做的是一套，向人说的又一套的两面的心口不一的人。

从1914年的前四个月，多看些诗稿、作家文集、丛书、佛书、小学、辩正论、居士传、碑帖等，到下面的八个月就转向佛学，也就是迷住中国几千年，从皇帝以至人民都信奉的一种佛教。鲁迅从这里也来钻研一番它的究竟。他看的大约如《三教平心论》《释迦如来应化事迹》《华严经决疑论》《大乘法界无差别论疏》《金刚般若经》《金刚心经略疏》《大乘起信论梁译》《唐高僧传》《阿育王经》等甚多。这些佛书，不但自己看，还与住在绍兴的周作人互相交流寄出书来看，又在10月为庆祝母亲六十岁而于南京刻经处刻成《百喻经》。从刻印《百喻经》我们看出：就是佛书，以寓讽世之意，鲁迅也吸取滋养以惠世人。因任何一种宗教，其中必有若干为世人世事，可资研究或借镜的。迷恋宗教的人以之说教，而从超宗教的观点来看，则其中亦不无一些哲理。如佛家的因明学。沉浸于中而超拔于外，这就是鲁迅。看他后来1928年夏到杭州游西湖，知客僧向鲁迅谈佛学时被鲁迅说倒他，可见鲁迅于此的了解深透。又到晚年，青年徐诗荃亲手抄写《悉怛多般怛罗呪》（见1934年1月《鲁迅日记》）见赠，并劝鲁迅多看佛书，以为看此可超脱世俗，不至于终日作文章的斗争，以为这样可以救出鲁迅。而不知鲁迅早已研究过佛经，他的意见卑之无足论，甚至不足以解释清楚，因为这个现实的，唯物史观的，执着现在而向一切反动事物作斗争的鲁迅，已经不是一般佛法所能移易的了。这种批判的，从个中深具了解而坚信着的马列主义思想，徐诗荃想以佛学来代替，犹如小孩以木偶认作真人，何能令真人相信？所以后来鲁迅见到徐诗荃简直无话可说，不作敷衍了。

1915—1916年，阅览范围仍限于佛经，间杂以造像、画象、拓本，旁及金石文字、瓦当文的研究，墓志、壁画等亦所浏览。

1917年则在墓志、拓片中突露星火灿烂。即书目中呈现出《露国思潮及文学》，那已是对苏联十月革命影响到文学方面的关怀了。

1918—1920年，碑帖、墓志、造像、拓片作更深一步的研究，这时他惊叹于汉画像、唐石刻的高超艺术，以为中国人的对碑帖等视为奇货、专利，自己印了几张，就把那印过的碑石敲坏，以独得完整自豪的自私心情，对文化负无穷罪愆。而这批破坏者仅做到"收藏"二字而已。他有一张碑帖，下首就盖以"端方"名字。（"端方"是清朝达官，并不精研艺术）流落出来，到鲁迅手，鲁迅却与其他碑帖造像等同研究，拿来做书的封面，并屡屡说石刻中的许多艺术品不加利用，甚是可惜。即如石碑两旁或上下都有精美雕刻，从此可窥知那一时期的风俗习尚，对研究社会史、文学史、美术史都有大帮助。亦即整理文学遗产的一个方面，鲁迅想从这里得到帮助，写他的《中国文学史》和《中国字体变迁史》，现在，这工作落到后人身上了。

1924年，阅读方面视野较广阔些，看一些有关美术家的书，如《比亚兹莱传》《师曾遗墨》，还涉及世界名人作品：如希腊天才的诸相、泰琦思《昆虫记》、托尔斯泰、陀思妥耶夫斯基等作品，《露西亚见闻记》之类的书籍。

鲁迅时常对中国古书觉得不满足而想办法找别的途径，则唯有看外文书的一法。这里就有局限性，因自己曾留学日本，对日文能看能说能写，甚为方便，故阅外文书多从日本转译过来，有时译者偶有删略，则必对照原文才能了解，而日本文法，和欧洲文学的文法总是有所不同，因而总觉得不如能读原文的满意。好在他从学医方面亦学过德文，故亦有较深了解，《小约翰》就是和齐寿山先生一同用德文本翻译的。在上海时，他曾准备到苏联。大约因为懂得一些外语较为便利，或因马克思、恩格斯是德国人，有心顺便去探访一下，所以在上海住在虹口公园附近的时候，自己就每夜自修德文，大买一通有关研读德文的字典、辞典、语文等，如是经常每夜定出一定时间学习，见史沫特莱时，有时亦勉强用德语对话，史氏还称赞他的发音正确呢！其次是俄文，在东京和许寿裳一起学的，但不多久，不能应用到阅览书籍上。至于英文、法文则是所知甚少，大约需翻字典或借助他人，好在一般外文（除日文）都有基本相同的字，所以作为普通翻看，以鲁迅的才智，是不难的。但到翻译书籍，则总以日文为本，于他更觉方便罢了。而日本自明治维新以后，国内学习欧化之风大盛，文学艺术亦以游学欧洲为荣，故对新思潮的介绍翻译亦较多，中国留学生之往日本的，亦从此得到了解欧洲文学的途径。当十月革命的新浪潮掀起全世界的旧营垒时，日文译者亦风起云涌的争相介绍，所以鲁迅从1925年起，就在通过北京的东亚公司大量购阅欧洲文学，尤其是苏联革命后的文学。也可以说，与时代、环境也不无关系，就是国内军阀专横，人民生活困苦，鲁迅自己也感到寂寞苦闷，自写出《狂人日记》之后已经响起了反封建的号声，继之而来的反帝的深刻影响，人人找出路，寻问题症结所在，青年们也办起刊物来了。未名社的产生是受鲁迅所支持，而鲁迅又受青年如任国桢、韦素园等人思想所推动，互相牵引，以自觉而觉人。所以在日记里这两年的鲁迅思想，可以说从阅读、写作，以至活动，都与苏联十月革命的影响有关。也就是说：无产阶级思想，在这时已深深投入鲁迅的脑海，借日文书的阅读移植到这个新的园地，将又由这而滋长于革命文学的广大园地里了。

1925年，计其阅读的大致有这些种类：《新俄文学之曙光期》《俄国现代的思潮及文学》《新俄美术大观》《革命与文学》等。在这同期，鲁迅主编的未名社则出了任国桢译的《苏俄文艺论战》，李霁野译的《往星中》，韦丛芜译的《穷人》，胡斅译的《十二个》，韦素园译的《外套》，曹靖华译的《白茶》，董秋芳译的《争自由的波浪》，李霁野译的《黑假面人》，曹靖华译的《烟袋》，韦素园译的《黄花集》，曹靖华译的《第四十一》《蠢货》，韦丛芜译的《罪与罚》，韦素园与李霁野合译的《被侮辱与被损害的》等等。

这些译者都是学生，以其热情，奋勇译作，为中国文艺园地移来佳花，播出革命种子。但他们都是自力奔走，而苦于连印刷费也无着的。这时鲁迅首先担任节约生活筹措一笔印费，望出完一本书，收回资本，再继续印出。这种惨淡经营，为中国文坛培植新生力量的苦心孤诣，果然在文化革命上打下了基础，现出了成绩。即在漆黑的北京当时，无异暗夜之燃点明灯，使众皆欢忭，有所向往。到

1928年，未名社出书稍多，地位略固的时候，就遭到莫名其妙的封闭，经理人被押解到蒋政权下的南京的一件文化事业被摧残的丑剧了。

1926年的10月以前，鲁迅还没有离开北京，往东亚公司买书也还便当，就仍继续读他爱读的新文学书，为这一时期的重点读物，如：《无产者文化论》《无产阶级艺术论》《新露西亚パンフレット》，（即新俄罗斯手册）两本《无产阶级文学的实际》、《新俄パンフレット》（即新俄手册）。这里不得不说明的有两点：一就是苏联的书籍如果没有到日本人之手，或到了而日人没有译出，或译出了而没有到东亚公司，都影响鲁迅的阅读范围；二则是10月以后到了厦门，人生地疏，课务须备，也限制了鲁迅去寻找心爱读物的机会。到年底和1927年在广州，也同样情况。广州沙面，有一日本商店而不是书店，那还是辞了中山大学之后才偶尔去到的。所以鲁迅在广州，也只能跑跑广雅书局，买些古书。至满意的也不过是跑到创造社的地方找书，但一到反党屠杀，就连这些书也看不到了，成为瞎了眼最最痛苦的时代，在鲁迅来说，是极其不幸的，和中国人民的痛苦同其命运了的一个大时代。

五、所谓兄弟

谈起周作人，听鲁迅在病中休息的时候是这样叙说的："我的小说中写人物时不是写老大就是写老四。因为我是长子，写他不好的时候，至多影响到自身；写老四也不要紧，横竖我的四兄弟老早就死了。但老二老三绝不提起一句，以免别人误会。"从这里也可见鲁迅下笔时的字斟句酌，设想是多么周到。有时茶余饭后鲁迅还会很随便，很自然地感叹出自己所遭遇的经过。他很凄凉地描绘了他的心情，说："我总以为人不要钱总该可以家庭和睦了罢，在八道湾住的时候，我的工资收入，全行交给二太太（周作人之妇，名信子），连周作人的，不下六百元，而每月还总是不够用，要四处向朋友借，有时借到手连忙回家。又看到汽车从家里开出，我就想：我用黄包车运来，怎敌得过用汽车带走呢？"原来家内人不断的大小轻重的生病，都常常要请医生到来，鲁迅就忙着应付这些差事。从没有计算自己的时间和精力。那么他们每月收入有六百上下（鲁迅三百，周作人二百四十），稿费在外，都哪里去了呢？鲁迅说："她们一有钱又往日本商店去买东西去了，不管是否急需，都买它一大批，食的、用的、玩的，从腌萝卜到玩具，所以很快就花光了。又诉说没有钱用了，又得借债度日。"有似帝国主义者榨取剥削的态度，她们的心向着日本，要照顾日商。中国人的家庭，她是以奴役者的姿态出现的。他们用一个总管叫徐坤的，这人精明能干，什么事都可以妥托。如周作人父子共有三部黄包车，那包车夫的聘请和工资都经徐坤的手，连周作人买双鞋子，订造件大衣，都是由徐坤叫人来做，这就可以有大笔的从中取利的机会，这是旧北京人的老习惯，人所共知的。不但如此，徐坤的家眷，就住在比邻，只隔一道低矮的墙头。鲁迅住在头一进的外屋，每天上班前就会亲自看到徐坤从墙上把食用物品从墙头送出。鲁迅看得多了，有一次就向管家的二太太说出这不平凡的寄生生活情况。信子把徐坤叫来，不是责骂徐坤，而是说：你为什么要给他（指鲁迅）看见。意思是这些事可以做，就是瞒过鲁迅好了。有一回小孩在窗下玩火，几乎烧起来，被鲁迅发觉很紧张，认为应该训诫，她们听了很不舒服，仿佛玩火也不要紧，只要不被鲁迅看见好了。在鲁迅呢，艰难缔造的新居，是经过无数心血，花了无可计量的精力才得完成的果实，自然珍视。就一般人来说，也没有看到孩子玩火而不加禁戒的。她们别有脏腑的行动，鲁迅哪里料想得到。也许这些日常琐屑，正为进谗资料，而周作人视而不见，惟整日捧着书本，其他一切都可列入浪费精力和时间之类的处理生活方法，也做成日积月累的意见不同处。鲁迅还提到周作人时常在孩子大哭于旁而能安然看书的好气量，他说，"要是我就不能够做得到。"

又，鲁迅经常自己借债维持整个大家庭的开支，如果节约一些，不是免得多向外借一些吗？有时借款是辗转托之他人，向银行纳高利贷来的。在这里我就想起陀思妥耶夫斯基毕生为了他哥哥还不完的债艰苦生活的情况，觉得世界上真有这样的老好人，在中国算是无独有偶了。陀思妥耶夫斯基初以为自己还年轻，没有负担，筹还哥哥的债只要努力一下就可以了。殊不晓得利上加利，就致有破产入狱的威胁到来，甚至带病写作还债，直至晚年陀思妥耶夫斯基逝世前才清理完这一生缠扰不清的债务。据鲁迅当时所想的也和陀思妥耶夫斯基相类似，他说："自己负担轻，他们需用，就交给他们用好了。"鲁迅除了负担八道湾绝大部分家用之外，连日本人信子们的父亲羽太家：每月家用的接济，儿子重久三次到中国和在日本不时的需索以及军营的所需费用，及第三个女儿福子的学费，也都是由鲁迅每月收到工资，即行汇出的。后来鲁迅被赶出八道湾之后，常常感叹地说："我幸亏被八道湾赶出，生活才得有预算，也比较的不愁生活了。"对照以往生活的紧张情况，后来可以量入为出，也可以接济一些急需求学的青年，可说利用资财得更有意义了。而周作人的人生哲学也另有一套，他知道了徐坤的贪污后，向人表示：如果换掉徐坤，要他自己去办身边事务（如自己衣着之类），就要减少许多看书的时间，划不来的。所以他不是不知道徐坤之坏，而是坏之中能解决他的问题就好了。其实还是好逸恶劳的旧知识分子的态度，专门剥削别人的劳动，对鲁迅也如此。鲁迅的辛苦经营，他哪里体会得到呢。这不是冤枉他的，有事实为证：人们只要翻开鲁迅日记，在1919年，鲁迅奔忙看房子，最后找到八道湾，后又修理房子，隔天去监工，又接洽警局、议价、收契等等，费了无数心血，又四处奔走借贷，甚至向银行纳短期高利借款，大约除了绍兴卖祖屋千余元之外，全部共四千金之谱，到诸事略备了的时候，周作人才回到北京，全家逛完农事试验场园之余，才坐马车来看新屋。这之前，周作人干什么去了呢？他这年3月间就从北京大学请了假，全家去日本游玩去了，中间回来北京，过不几天又去了。直到新屋成交之前，鲁迅先行另租了几间房子，粉刷好了，备办了家具，一批人，包括周作人家属和日本小舅子重九才浩浩荡荡的重回到北京。若说周作人也曾费过劳动力了，确也是的，就是去了警局一趟领回房契一张。大约这就是他留出时间、精力写作之故罢,然而跑向日本,难道不花精力与时间吗?关于这张房契,也有一段故事:鲁迅不自私,原来立房契之时,他如同写文章用兄弟的名字一样,也要写上房主是周作人的户名,但经教育部的同事劝说才用了周树人的名字,后来把鲁迅赶出八道湾。周作人原先绍兴卖祖居时就想分掉款项花用,被鲁迅坚持再买回房屋在北京,以便他们大家至少有地方好住而打破了他的计划。这原是为他们设想的好意,但见钱就花,从不计较长远的周作人是不管这些的。这时又故态复萌了,要把八道湾屋也卖掉。风声传到鲁迅耳里,说:"卖掉是可以的,不过我也得分一份。"这时鲁迅就想起了教育部那一位同事的预见了,用了周树人的户名不是那么容易卖掉,鲁迅活一天,就得等候他首肯签名才能变卖。这事才搁置了廿多年,待鲁迅在上海逝世了,周作人做了汉奸,煊赫一时,他就把房契换到他自己名下,算是他的。则照例就该没收归公。但政府的宽大,成了他窃据的便利,这是后话。亦可解答一部分人的意见,以为他们兄弟不和之原因所在,是物质关系。鲁迅在八道湾住的时候,初时每月工资不欠,比周作人还多,又忠心耿耿的全部交出,兼以向朋友告贷,这样的人,在家内开支是一个得力助手,要得的。后来开始欠薪,加以干涉到人事方面,就妨害了主人的权威,讨厌起来了。从母亲那里听到过一个故事:在《呐喊》《鸭的喜剧》里不是谈到过爱罗先珂先生和鸭的喜爱吗?爱罗先珂住在八道湾,和他们家人也熟识了之后,他又懂得日语,语言上没有什么不便利,有时谈起妇女应该搞些家务,"也屡次对仲密(周作人笔名)夫人劝告,劝伊养蜂、养鸡、养猪、养牛、养骆驼"。也就是现在所谓之搞副业罢。"有一天的上午,那乡下人竟意外的带了小鸭来了,啾啾的叫着","于是又不能不买了,一共买了四个,每个八十文"。喂小鸭的光荣任务首先要找饲料,南方是容易得到的，田边、水上的小虫，鸭自己就会寻食。至于在北京自家水池，那就又要烦劳徐坤去找。那徐坤却不费事，用高价（北京较难得，故昂贵）买来了泥鳅喂鸭，算起来买泥鳅的钱比买小鸭价还要大，这个副业也就可观了。在爱罗先珂先生或者以为忠言可以入耳，在又一次谈家常中谈些妇女应该如何如何的话。话尚未完，信子已经怒不可遏，听不入耳，溜之大吉了。而言者因看不见，还在那里继续不断地说下去。对朋友如此不礼貌，对家人自然更甚了。鲁迅有时还为周作人原谅：说他"太木"（绍兴语，不知不觉的意思），也许这些都瞒着他的。后来不久爱罗先珂先生也离去了，究竟是否住不下去而走的呢，母亲没有说明。

但鲁迅确是搬走了，用鲁迅自己的话说，"是被八道湾赶出的"。

从日记的记载，从鲁迅诗集的描写："何事脊令偏傲我，时随帆影过长天！"并有跋言云："嗟乎，登楼陨涕，英雄未必忘家，执手消魂，兄弟竟居异地。"诗和跋，印证以鲁迅日记与"二弟"通讯的频繁，寄书籍的不间断，人间友爱，弟兄之情，怡怡然异乎寻常。故亲日运筹帷幄，安排生活，劳累匪所计及。用鲁迅自己的打算说，"是让别人过得舒服些，自己没有幸福不要紧，看到别人得享幸福生活也是舒服的"。真是做到"象忧亦忧，象喜亦喜"的地步而无愧。

这样过了无数的日子。从日记看出：1923 年的 7 月 3 日还"与二弟至东安市场"等处，7 月 14 日就写着"是夜始改在自室吃饭，自具一肴，此可记也"的话。到 7 月 19 日"上午启孟自持信来，后邀欲问之，不至"。鲁迅在横逆忽来之下，带着连日患着的齿痛，到 8 月 2 日搬到砖塔胡同去暂住。这期间，又带病看屋，另找住处，接着母亲又生病起来，又陪去看病。到 9 月 24 日，鲁迅真个病起来了，24 日记着"咳嗽，似中寒，"第二天又记"夜服药三粒取汗"，到10月1日"大发热，以阿思匹林取汗，又泻四次"。但一样的去讲课。10月8日又记着"以《中国小说史略》稿上卷寄孙伏园，托其付印"，自后一面仍教书、看屋、诊病，到11月8日才记着"夜饮汾酒，始废粥进饭，距始病时三十九日矣"。

在周作人亲自送来的一封信，外面写"鲁迅先生"，信里面除了同样的称呼以外，开头的一句是"我昨日才知道……"，从这几个字毫无疑问是听信别人之言了，鲁迅要追问情由，然而周作人毅然不顾。到了1924年，鲁迅经过胁痛，校医云是轻症肋膜炎。3月间，似乎是在"闲居养病，虽间欲作文亦不就"。但到4月的日记，除日常工作外，又看到"寄季市以《小说史略》讲义印本一束，全分俱毕"的完成另一件工作告诉朋友。

在又一次的"看屋""修理"，经营复经营之下，于1924年的5月25日"星期　晴　晨移居西三条胡同新屋"，在日记中作一记录。到了6月11日的日记是"下午往八道湾宅取书及什器，比进西厢，启孟及其妻突出詈骂殴打，又以电话召重久及张凤举、徐耀辰来，其妻向之述我罪状，多秽语，凡捏造未圆处，则启孟救正之。然终取书器而出"。这寥寥数语，亦可臆测大概。其实更有甚于此的，据鲁迅告我：见他们的气势汹汹，叫朋友帮忙的态度时，鲁迅就说："这是我周家的事，别人不要管。"张、徐就此走开。而周作人竟拿起一尺高的铜香炉，正朝鲁迅头上打去，又经别人抢开，才不致打中，这时候又数说了许多不是处。鲁迅当时就答说："你说我许多不是，我从在日本起，因为你们两人每月只靠留学生的一些费用不够，才回国做事帮助你们的，这总算不错了罢！"当时周作人一挥手（鲁迅学做出手势）说："这以前的事不算！"就这样闹开了。事后听鲁迅分析事情的经过说："周作人曾经和信子吵闹过，结果她闹得比他还凶。自此周作人考虑到，要对家内求得安宁，就得把阿哥牺牲也在所不惜，二者相权，是较为得计的。"但现在阿哥又可以卖钱，写写阿哥的事情也可以投机，就吮吸死人也可以营养自己的身体了。如其说对阿哥怎么怎么好，那是蒙蔽世人的诡计，天晓得究竟是怎么回事。

经过这样并不光彩的斗争而向信子软化的结果，进一步就是向敌人投降，国事、家事都一样。从此信子就更加跋扈，另一方面自然就是周作人更加迁就。那么友爱的兄长都可以牺牲了，其他自亦不在话下。从这条路线追寻下去，鲁迅说："她们（指日妇们）刚从日本归来，住在绍兴，那里没有领事馆，她们还是处在中国人的圈子里，发脾气撒泼起来，至多装晕死过去。有一回她的兄弟重久在旁，拆穿她的装腔作势，说不要理她，自己会起来的。这才把长久吓得家里人对她死过去束手无策的戏法拆穿了。待一到北京，她就跑日本领事馆，事事请教日本人，一有风声鹤唳，就扯起日本旗。"她们唯恐日本不侵略中国，日本来了，她们有好处，这就是她们的卖国目的，也就是周作人之流的汉奸卖国贼说法：中国工业不如日本，农业中国，工业日本，请日本人来治理中国的亡国政策。所以说，日本女人的看法不对，还更是汉奸周作人的卖国思想不对。鲁迅是何等样人，对这种思想暗流的日见显著，其不和是有由来的了。周作人的连处理家务也怕麻烦的性格，眼前利益又使他迷失了方向，既可做高官（伪），又有厚俸，更兼妇人的自动投靠促进，于是一拍就合，把民族利益轻于个人利益而落得个汉奸收场，这是他们兄弟二人各殊行径的大分野。这里是一个知识分子只计较个人眼前苟安享受，忘了国家民族气节的典型发挥到高度的、不可救药的程度的反面教材。后来他在北大投靠胡适，鲁迅就知道这人的不可救药。是对人们的教育有深刻意义的。鲁迅的被侮辱与损害，就在其次了。

据鲁迅分析："三一八"惨案发生以前，周作人的态度还是好的，是和大家一致向黑暗势力作斗争的，因为并没有直接威胁到他的生活。待到 1926 年 9 月，女子文理学院[1] 又第二次被任可澄教育总长同林素园校长率警察厅保安队及军督察处兵士四十左右，驰赴女师大，武装接收（见《华盖集续编》），到校硬指徐某为共产党，眼看当场又想捕人的时候，周作人考虑到切身利害，不敢再斗下去了。曾在《语丝》96 期《女师大的命运》那篇文章上，岂明（即周作人）说："经过一次解散而去的师生有福了。"其意即指留下的人是不幸的。不幸而要幸，流亡生活又不舒服，则惟有朝着当权者的旨意行事，则不难设想：谁当权就顺从谁，个人目前既得温饱，又免于政治（汉奸霸占的局面）的迫压，事后还可以打扮自己为入地狱的菩萨，总胜落入日本人之手一筹，以告无罪于人的苦心撒谎话，冀求人们谅解以自解嘲，终至于其所行为，前后判异。以与鲁迅的骨头最硬，绝不妥协的精神迥异。一则只顾个人，一则全为大众，距离稍异，总账则悬殊实甚，真可谓履霜坚冰，其来有自了。有时鲁迅又会意味深长地说到自己："我幸而跑到南方来，看到、学到许多有意义的教育，如果仍留在北京，是不会有那么些东西看到的。"但周作人却对人说："我不到南方去，怕鲁迅的党羽（指左联的人们）攻击我。"黑暗的土拨鼠是见不得光明，就自在瞎说。这些年来党和政府的宽大，不但安排了他的生活，还让他安静地写作，这不就证明了他对党的不信任和自己的卑劣无耻吗？生存决定意识，物质环境之于人，关系甚大。过着苟安的生活，只知有己而不知有别人，以榨取别人为得计的一张伪善者的态度，诚如夏虫之不足语冰，转瞬秋凉已届，则成为寒蝉无声，于人无益，于世无补的生活。在我们今天学习了社会主义教育，一切为了社会主义，忘我地劳动，忘

---

[1] 1926 年 9 月，北京女子师范大学被改为女子文理学院师范部。

我地生活。把舒适的生活放在后头，留给别人，这是伟大的社会主义风格。我们不会有而且唾弃周作人式的只图自己免于劳累，由着别人供我效劳的生活方式，也就痛恶这种生活方式而以为鉴戒，这就是写这回忆所想到的、所要说的话。当然周作人之流看了是不会欢迎的，然而这是事实，是千千万万研究鲁迅所关心的事实。

话又说回来，鲁迅虽然在上海，但每每说"周作人的文章是可以读读的"。他的确是这样，不因为兄弟的不和睦，就连他的作品也抹煞。每逢周作人有新作品产生，出版了，他必定托人买来细读一遍，有时还通知我一同读。如1928年9月2日，日记上也曾记着："午后同三弟往北新书店，为广平补买《谈虎集》上一本，又《谈龙集》一本"。又1932年10月31日，买"周作人散文钞一本"。这可见他的伟大襟怀，在文学上毫没有因个人关系夹杂私人意气于其间，纯然从文化上着想。这又可以看到鲁迅的批判看待每一个问题的态度，也正是马列主义分别看待问题的方法。而我们党直到今天的给予周作人某些文化上的工作，如果我的体会不错，是否也是说明，在党的领导之下，虽一得之长，都不会遗弃。即团结一切可以团结的力量，为社会主义服务的何等伟大意思。也就是说，虽然以周作人的做过汉奸，不耻于国人，但是党还是望他有所贡献，其他右派更不用说了。

读者是会关心的。有读者问："为什么鲁迅被八道湾赶出？"又有读者写信来问："八道湾似乎是地名，它怎会……"我每次收到这样的询问就要分别写回信，很费一番唇舌。这回总算依照鲁迅当时说的话，回忆其梗概，加以叙说了。不过这里还只是扼要地说，就鲁迅口中说的分析经过。其他事实琐屑，与夫信子们的日本军国主义思想，1947年，北京西三条封存起来，她们还集合了一大伙伪宪兵人等往鲁迅故居接收房屋，搬移用具的蛮横动作，可证明她们凌驾一切，奴役中国人民的思想，和自高自大，旁若无人，至今还存在着变天思想，因不在本范围内，故从略。

至于周作人，解放后写过了《鲁迅的故家》《鲁迅小说中的人物》等等，仿佛在人前看来是鲁迅的好兄弟似的。他家没有被查抄，还保存有与鲁迅讨论学问的书信未交出来，可能还有鲁迅的旧作存在彼处，如果他真的是修晚年之好，痛念前非，毅然把他收藏有关鲁迅著作部分全行献出，以赎前愆，还可冀求见谅于国人，这才符合于事实。否则伪作友好，写再多的"故家""人物"，仍是逃不过"虚伪"的一塗。

六、厦门和广州

当北京"三一八"事件之后不久，政治还是那么黑暗。我们料想：中国的局面，一时还是不死不活的拖下去，但清醒了的人是难于忍受的。恰好这时厦门大学邀请鲁迅去教书，换一个地方试试也好吧，鲁迅就答应去了。其时我刚在暑假毕了业，经过一位亲戚的推荐，到广州女子师范学校去教书。

临去之前，我们曾经考虑过：教书的事，绝不可以作为终生事业来看待，因为社会上的不合理遭遇，政治上的黑暗压力，我们做短期的喘息一下的打算则可，永远长此下去，自己也忍受不住，因此决定：一面教书，一面静静地工作，准备下一步棋的行动，对自己经过一时期的斗争，为另一个战役作更好的准备，也许较为得计吧。最低限度，例如至少有半年不挨饿的预备，再斗争起来，胆就会更壮些，力量会更充足些。因此我们就相约了做两年工作再见面的打算，还是为着以后的第二个战役的效果打算，这是《两地书》里面没有解释清楚的。

抱着美好的幻想到了厦门，头一个遇到"双十节"，当时使得鲁迅"欢喜非常"。是因为北京在北洋军阀统治了多年，"北京的人，仿佛厌恶双十节似的，沉沉如死"。大凡人对某一件事的思想有了不同，则感情上也自然产生爱恶两样极相反的态度。鲁迅在北京，对过年的鞭炮声也听厌了，对鞭炮有了恶感，这恶感是因为北京的鞭炮声代表了陈旧腐朽的一面，所以厌恶；而厦门的鞭炮声带来了新鲜希望，所以就"这回才觉得却也好听""欢喜非常"了。再看他的比较："听说厦门市上今天也很热闹，商民都自动地挂旗结彩庆贺，不像北京那样，听警察吩咐之后，才挂出一张污秽的五色旗来。"（以上均见《两地书》）从挂旗上，鲁迅判别出自动与被动，觉悟与不觉悟，当家作主与否的精神来。而又说明了北京人民之所以如此反应，是包括这一面旗，代表了与他生活无关的事件的反应，是麻木状态下无动于衷的反应；是军阀的压制所表现于行动的一种无言的表示。其时国民党刚在孙中山三大政策：联俄、联共、扶助工农下来庆祝节日，所以鲁迅差强人意地认为："此地的人民的思想，我看其实是'国民党的'的，并不怎样老旧。"（见《两地书》）

同样的"双十节"在广东，"一面庆贺革命军在武汉又推倒恶势力，一面提出口号，说这是革命事业的开始而非成功"，这原来蕴藏着国共分裂，排斥共产党人的阴谋，而违反孙中山路线的企图这时已有了。所以群众在表现上并不因打下武汉而特别高兴，自然在庆祝大会的会场上只看到"雨声、风声、人声"将演讲的声音压住（见《两地书》第五十五），闹嚷嚷乱哄哄的混作一团。这天我是带学生游行，亲眼看到这种情况。正好上海的《新女性》杂志索稿，我就写了一篇《新广东的新女性》投出，说明我在广州看到的女性并不新，还是娇滴滴的小姐式，应付了事的态度多，认真庆祝的少，与"三一八"时北京的女学生奋斗争取达到游行目的的情形迥异，和厦门鲁迅所喜欢的也不同。作为窥测气候的一面镜子来说，是令人失望的。

我一到广州，听女子师范学校负责人的谈话，是要我做"训育"

的事，这当然就应当交出我从北京带去的"国民党"的关系证件了。但校方负责人叫我慢点交出，我因初到，不便多问，但这事就此搁起，后来我听说邓颖超大姐在省党部工作，我要去看看久别了的，我所景仰的邓大姐，在校方一打听地址，又叫我最好不要去。我对于这些因初到都觉得有些诧异，以为必是学校过于谨慎，既然这样，我就听信了一半，把证件不交出，也就是和国民党的关系断了。后来才晓得，国民党内部如此复杂，大别之有左右二派，派之中又有无数小派，无怪学校方面叫我暂不交出了。若一交出，交给到哪一派都有为难，若在右派手里更不得了。所以不交出还是比较妥当的。但叫我不去见邓大姐，却万万不能够。我暗地里找到省党部，不在；我又设法找到她的寓所，见到了渴望已久的亲大姐！叙了阔别之情，亲切地告诉我黄埔不招收女生，所以没有写回信（我以前写信向她打听的）……谈了许久的话，现时不能一一写出了，但记得还在她那里食了一顿饭才走的。

后来又见到一位同志，是李春涛。他本来在北京当教授，和杜老（守素）同住在一起，那时许多人都想丢开教书去干革命，澎湃同志首先南下了，接着李春涛、杜老也计划离去。他们那时住在北京地安门内南月牙胡同，经过同乡介绍，我到过他们住的"赭庐"。门也油着红色，表示赤化的思想，但没有遇见一个人。后来在1925年的4月5日，在东安市场的森隆见面了，当时还有些什么人一起同席，现在已经记不起来了，只记得他给了我很多鼓励，并约毕业后回到广东去做事，临别时又送了我一本书，说这本书他看过了，还不错。我翻开里页看到写着：广平先生惠存春涛敬赠。另一页又盖着："李春涛读书章"几个字，并有他订正补充的文字，具见革命者的认真不苟的工作态度。在国民党开代表大会，他以代表身份到广州来的时候，那时在广东是第二回的见面了，他很高兴我真的回到广东，并且邀请我到汕头去，无论教书，做妇女工作，做报纸宣传工作都可以想办法，总之那面缺人得很。那大约是1926年的冬天。后来广东女师的风潮闹起来了，一时离不开，到了国民党右派极端猖獗的时候，学校里右派分子非常蛮横，写恫吓校长的信，在学校内滋事，校外又有互相呼应的右派学生会和管理青年的部，可见事情的并不简单。详细情形，这里不多说了。但我并无恋栈之意，以为不管怎样，负责到告一段落的时候，交代得过去才可对得起学校。后来知道各个负责的都另有工作了，我就想也卸仔肩，去汕头应李春涛同志为革命事业多找些人工作的伟大心愿之约，哪晓得他为革命事业不惜费尽苦心的一个人，在大革命时期被国民党反动派暗害了，在汕头连尸首也找不着。我手头留着烈士一本书，永远纪念他为革命献身的精神，为鞭策我们工作的力量。同时我走向革命，学习得到进一步，并且离厦门近便些，有机会还可以去安慰安慰鲁迅愁闷于校方工作的苦情。但我给厦门的鲁迅解释得不够详细，倒引起他的牢骚来了："我想H. M. 不如不管我怎样，而到自己觉得相宜的地方去，否则，也许因此去做很迁就，非意所愿的事务，比现在的事情还无聊。"同一封信的深夜，又添了几句："我想H. M. 正要为社会做事，为了我的牢骚而不安，实在不好，想到这里，忽然静下来了，没有什么牢骚了。"（见《两地书》第八十一）这里越是说没有什么，正表明有什么，我因此考虑：同是工作，要我自己闯，可能也多少干一些事，但社会是这样复杂，我又过于单纯，单纯到有时使鲁迅也不放心，事情摆在面前，恐怕独自干工作是困难的了。既然如此，就在鲁迅底下做事也是一样的。这样的想法一决定，就不去汕头了。以后也没有改变了这决定。

那时鲁迅已经应了广州中山大学文学系主任兼教务主任的职务。我名为助教，实则协助鲁迅和许寿裳的有关教务的准备教材和生活方面的工作。鲁迅后来搬到白云楼，为的好有一些时间想想写写，自己支配自己的准备业务工作。其时郭沫若先生已经去了武汉，鲁迅所理想的文艺运动，想和创造社联合起来，结成一条战线，共同向旧社会旧势力展开攻击，而且作了最坏的估计，向朋友述说他的打算："至多不能回北京去。"这表达了鲁迅出京以后，在厦门的服吃鱼肝油等补药的一种充分积极从事于准备另一战役的态度。可惜局势的变化，使得郭先生等已无法留在广东，联合战线已经无法达到。除了许寿裳一人之外，并没有可以与言的人，鲁迅深深感到孤独的悲哀。幸而党的领导像明灯一样照耀着每一块土地，鲁迅也有机会见到另外一些党的负责人，如陈延年。鲁迅正在考虑：如何把党的精神传达到工作中去，可能效果大些。突然，4月15日清晨，我的老家人"阿斗"跑到白云楼来，惊慌失措地说："不好了，中山大学贴满标语。叫老周（鲁迅）快逃走吧！"我急忙走到楼下，看到下面有许多军队，正在集合听指示，仿佛嗅到火药气味，大约就是有什么举动了吧？看看河对岸的店铺楼上，平时作工会办公处的，这时也有些两样了，似乎在查抄。我一口气奔到邓大姐住处，打算告诉她所见所闻，通知她小心些，待到得门前，它拉起铁门走不进去，我急忙叫人，大约太显得惊慌吧！里面出来一个青年，彼此还认识，我就把我的意见向他说了，他这时才告诉我："大姐已经走了。"我如释重负的回去，叫醒了鲁迅，告诉他不平常的一幕。待到下午中山开会营救被捕青年的时候，他精神早已有所准备，明白这又是无耻的不忠诚于革命事业的黑暗勾当。学校负责人是公开宣布过带领着学生往左走的，这回却反过来大骂共产党，说这是"党"校，凡在这里做事的人，都应该服从党的决定，不能再有异言。鲁迅悲愤填膺地力争，坚持营救学生，未获通过。仅有一二人先还似要响应鲁迅的话的，到后来看情形不妥就不开口了，结果力争无效，鲁迅独自宣布辞职。回到白云楼，把经过一一向许寿裳细说，且说且气，连晚饭也未进一口。这个血的教训，比"三一八"又深一层了。在国民党旗帜之下，在国共合作得来的胜利之下，居然背叛革命，公开屠杀，有些是失踪，有些是在病床上被扼杀的，比北洋军阀还黑暗，无怪鲁迅说"被血吓得目瞪口呆了"。

困难的是在"目瞪口呆"的局面下还一时不能走出。许寿裳先生6月间已先离去了，鲁迅还是在酷热的西窗下日夜执笔做着工作：《野草》《小约翰》《朝花夕拾》《而已集》《唐宋传奇集》等相继编写完成，尽量利用有限的时光，做他严肃紧张的工作，随时随地都不浪费些许时间，这就是他数十年如一日的工作态度，始终是鼓足干劲地为中国、为青年贡献他的力量。

因此夜里写作有时就会在早晨多睡眠些。有一天的清早，我从自己的卧室走出来，看到一个打扮似青年的人从鲁迅睡房走出，我还当是找鲁迅的人，说："你找周先生吗？他还没有起床呢？"那青年唯唯而退。事后一检查，原来我恭而敬之的送走了以为尊贵的客人，却是一个小偷。鲁迅住在靠门口的一间朝西房子，大约是去买菜的女工忘记关好大门，于是鲁迅桌上的表就成了小偷的猎获物了。

许寿裳先生是一个老好人，执正不苟，在与章士钊斗争的时候，鲁迅被非法革职，他就和齐宗颐（寿山）先生，毅然辞去教育部工作，以示抗议，凛然有古代义士风格。这回在中山大学，又一次表示他对拘捕学生的愤慨，和鲁迅一同辞职。敌人对待许先生是不同于鲁迅的，立即批准，因为他准许了许先生辞职，绝不会有引起风潮的顾虑，就毫不容情地这样办了。在许先生呢？岂为他要被挽留而作态的吗？鉴于大局的恶劣，以至颠倒黑白，留也何益，与鲁迅同进退，正是凛然大义所在的又一次表示。他和鲁迅，平时有似手足怡怡，十分友爱，偶或意见不合，鲁迅就会当面力争，而许先生不以为忤，仍友好如故，有时彼此作绍兴土音说话，说到会心处会大笑。反对杨荫榆的时候，杨说六个学生是"害群之马"，鲁迅和许先生就私自给我绰号"害马"，我是不知道的。有一回见面的时候，鲁迅说："害马来哉"，我还摸不着头脑，他们二人却大笑哈哈不已。

待到鲁迅逝世后，我因他们从前过从极密，留学日本和在教育部里工作，也总是在一起的，就劝他写些东西出来，后来就成为《亡友鲁迅印象记》的回忆录。他这个回忆是在台湾大学教书时写的，据说鲁迅逝世后，许先生在授课或课外，更多的时间在谈到鲁迅的思想性、学术性、文艺性、革命性的各方面。除整本的《亡友鲁迅印象记》外，《我所认识的鲁迅》里面也收入不少纪念文字，遭到国民党反动统治者、特务们的忌恨，不止一次的警告过他："不要谈鲁迅。"许先生却以为谈谈这些，又不关系政治行动，而且人已经死了，绝不会惹起问题的。许先生的悍然不顾一切的言行，正如鲁迅活着的时候常常说过的："季茀他们对于我的言行，尽管未必一起去做，但总是无条件地承认我所作的都对。"越是在黑暗统治下的台湾，越觉得像鲁迅那样的人逝去的可惜的许先生，就越加自动爱宣传鲁迅的文学革命运动，终于遭到暴徒的暗杀，可谓以身殉友——真理、正义——的一人了。

鲁迅常批评周作人，生平没有几个真心知己朋友，没有得到很多的诤益。鲁迅自己就很以有几个意气相投的朋友为慰。与章士钊斗争的时候，许寿裳与齐宗颐（即助译《小约翰》的），就抗议章的非法解鲁迅金事职而一同辞职，以及广州中山大学"四一五"非法拘捕开除学生，鲁迅辞职而许寿裳也表示抗议离去，都是一样的精神。其他如早期资助出版《域外小说集》搞银行事业的蒋抑卮先生、搞渔业的邵明之先生、搞军事政治的陈仪先生，都是各在其职务方面自行工作，但对于鲁迅所作所为，每当晤面，则表同意，听说陈仪在福建厦门一带任职时，就常给CC派过不去，后来陈仪亦被害闻，这些人的行动与鲁迅是深浅不一样的，但对当时政局的不满却有共同的思想。一九〇八年在日本时，鲁迅他们集合了几个人翻译了《域外小说集》而没有印资的时候，蒋抑卮先生不以资本家惟利是图的心度量出书的营利收益，虽然他本身是银行界中人，而竟然同情文学革命事业，助以资财，使得出版，一集出了，只卖了聊聊几本，而还不灰心，又要出第二集，集稿之后，又要投资，在鲁迅等自然具有百折不挠之心，而计算赢余，博蝇头微利的商人作风下，蒋抑卮先生居然出此，真可算是难能可贵，若非深深通了鲁迅等的文化运动，具有伟大的共同情感，是难以做到的。

另外还有一位鲁迅同时代的朋友陈仪先生，在日本求学时是曾经同学的，因为他学的是军事学，回来很少接触，但友谊还是很好的。

以三十五年亲如手足的许寿裳先生，与鲁迅思想虽然有某些钦佩甚或相通，但毕竟两样。其原因，就我的猜想：则一为绅士式的，而一则为斗士式的之故。许先生精于英文，鲁迅有时戏人言：季市有时也颇有意于写作，但预备工作过于细致，仿佛要馨香斋戒才动手的样子；先摆好架势，觅好清幽处所，或买好点心，以备构思时用，如时大加张罗，往往用去很多力气，结果食完点心了事，终于写不成文章。这些话，凡早期与他们同事工作者大抵体会这风味的，这就是我所谓的绅士式的风度。推而广义，生活必求绅士式，则势必至有时委曲求全，一有迁就，未必能每事毅然舍去。其在台湾教书，原为陈仪（亦东京时同学相友善的）所介绍，及陈已去职，陈所痛恶之CC仍在，假使他善观局势，旧时代对人对事，都从连带关系着想，陈去而许留，未免警惕不够，何况他还不断提及鲁迅，则自不为敌人所谅也明甚。但许也有苦衷，就是单纯以为提鲁迅与政治无关而忽略敌人却以为大有关系，二因相并，遂遭不幸！还有，许先生或者以为当时除解放区外，到处是白区，一片白色恐怖，有何分别？故而苟安，加之生活所迫，垂老教书，实不获已，倘能摇身一变，参加战斗行列，自当不死。然以绅士式的生活的许先生，毋乃过高的要求？于此可见脱离中国普通老百姓的生活，求独自过着绅士式的不恰当的方式，必然招致自身的毁灭，乃其小焉者尔，遗害之大，则难尽言了。

陈仪（公猛，公洽）与鲁迅也很熟识，我们南下在下关搜箱子时鲁迅曾设想假使遇到麻烦，就去找他的。我们初到上海时，他刚从德国回来不久，亲自来访，并送了鲁迅两本书。这位先生的受知遇于国民党，据他向鲁迅说是因为去德国代买军火，别人例必受佣金，数目很不小，惟独他一文不受，故深受信任云云，鲁迅听之并不为奇，他们同学的本色多如此而已。及鲁迅逝世，许先生和他一道在福建工作时，就对 CC 派不稍假辞色，及至调回浙江。又闻他遭到蒋介石的杀害，原因是他写信给当时浙江某要人，劝其起义反蒋，被告密，遂就地杀害。鲁迅的故人，虽是武夫，毕竟不与污浊同流，而国民党的反动派的不明大势所趋，自甘灭亡，终为人民所唾弃驱逐的原因，实积过太大了。

许寿裳先生于 1948 年 2 月 19 日，惨遭蒋介石匪帮假手于名为偷儿之手黑夜杀害的。从此名为学者的许先生逝世又十一年了。陈先生也因为国家走向光明而以自己的行动作见证了。从此中国的党和人民，集先烈之血不使白流，终于 1949 年正式成立了统一的人民政府。

经过剧烈变化之后的鲁迅，深深感到"抱着梦幻而来，一遇实际，便被从梦境放逐了，不过剩下些索漠"（见《三闲集》：《在钟楼上》）。其实我们都是抱着梦幻而来的。当北洋军阀逼到我们走投无路的时候，以为南方革命空气比较浓厚，总会聊胜一筹的。待到了之后，眼看一些假象，在厦门的鲁迅和广州的我，都被假象所迷惑，轻于置信，不免欢喜盈于辞色，到 10 月 10 日鲁迅见到厦门的庆祝会和我对中大的怀有希望都是轻于置信的例子，而没有真正深入到人民生活是"旧的"那方面去考虑。尤其广州大屠杀的当时，其实是很危险的。我的一个堂嫂嫂是国民党右派"士的派"（"士的克"是英文 stick 的译音，意即手杖。当时国民党右派常常气势汹汹用手杖打人，故称"士的派"），她的妹妹就是亲自到女师范学校点名捉同学的（强迫学校集合学生在大操场，点到左派的人就叫出来，最后一齐捉去）。我起先被她们诱同反对校长，无效，转而诬校长和我们都是准共产党，比共产党更该杀的。如果我被捉去，更兼这位做律师的堂嫂诬陷，则我被杀害也没法查询，因为她这时可以大义灭亲的美名加以杀害的，实在没有保障得很。而我之再三劝鲁迅去广东，也无非希望对广州有所贡献于青年。首先，文艺上除创造社一些读物外，其他荒芜得很，所以鲁迅又介绍北新、未名的出版物于广州青年，虽然这些刊物还没有达到以理论教育青年的目的，但在那时的广州，已属不易的了。其时芳草街是某青年的空房子，两房一厨房。前房摆书摊，后房住人。我就找了一位熟人去，为料理代售书籍的事。那位青年非常信任鲁迅，把房子让出，连同家具一并在内，每月只要代付九元房租便妥。待到把书移交给共和书局，结束了代售书籍的业务之后，仍旧把房屋交还给某青年，即算完事，可见这时热心相助的人也会遇到的。

　　我离开广州十年才于 1926 年回去，沧桑大变，更其昧于国共合作下忽而会反颜相视，屠戮继之的对付共产党人，是鲁迅和我万料不到的，而责任究属我应多负担些。既然郭沫若先生也被迫离去，就可想而知革命形势的风雨欲来了。就因为我那时还年轻，阅世不深，受政治影响和教育不够的缘故，一味向鲁迅劝进，他之到广州来，其实我也不能辞其责。在这万难的局面之下，鲁迅却从血的教训、残酷的现实里，激起思想的大变化，认识到"原先是憎恨这熟识的本阶级，毫不可惜它的溃灭，后来又由于事实的教训，以为惟新兴的无产者才有将来"（见《二心集》序言）。

为了走向新的战役，鲁迅毅然离开了涉足不满九个月的广州。

为了走向共同的事业，为了诀别这革命策源地成为当时黑暗的旧的恶势力所占有，他劝我也走出广东，1927年的10月我们指向上海的目标前进。

七、我又一次当学生

我又一次当学生。而且是专人教授，单独一个人学。教师是精通日文而又尽心诚意、不遗余力地罄其所知以教的鲁迅先生，作为一个有幸在他旁边学习的学生，我共学了一年零五个月的日文。

起因是在 1926 年的 12 月 2 日"厦门通信"谈起的："你大约世故没有我这么深，所以思想虽较简单，却也较为明快，研究一种东西，不会困难的，不过那粗心要纠正。还有一个吃亏之处是不能看别国书，我想较为便利的是来学日本文，从明年起我当勒令学习，反抗就打手心。"（《两地书》第八十五）

从厦门到广州，鲁迅无日不忙于学校的业务上，没有机会履行他给我教日文的许约，到了 4 月"清党"以后，虽则是大家都辞职了，该可以学习了吧，然而，川流不息的"客人"来侦察，心胸中被大时代塞满了一肚子的愤懑，静不下来，我也没有心思要求鲁迅实现他的心愿。

到了 1927 年的 10 月里，我们到了上海，经过两个月的人事往来，生活也稍稍安定了，从 12 月起，我就开始读书。先是教单字，但并不是照日文教学所排列的字母教起，而是鲁迅自己编出讲义就教的；教时在话语中加ノ（的、野、之）デ（以），ミル＝見ル（即见的意思），キ

ク＝聴ク。但闻与听意思就有不同，如キクエル＝聞エル。举例如下：

第一课

字母	解释
ハ	齿、刃
テ	手
カ	蚊、乎
キ	木
カキ	柿
ノ	的、野、之
コ	子
キノコ	菌
ヒ	火

上面突出的指出，カ、キ相连与原来的解释不相同而另外产生植物名：柿；而キノコ不是照原来木的子的解释，而是菌。但菌确多是从木而生。似这样的教法，又生动，又有趣，易记。鲁迅又以为：教外文无须专教文法课本，只需从语句上随时指出，予以解释。如小孩学语，何曾须教文法，但到习用惯了，自然纳入规范。他教书时由浅入深，由简至繁，进度是比较迅速的。

第二课

字母	解释
ナ	目、芽

デ	以
ナデミル	以目看
ミル＝見ル	
ミエル＝見エル	
クル＝来ル	
カク＝書ク	
手デ書ク	

学到第二课加教了些动词，到第五课加了些形容词，语句也比较长了。

第五课

字母	解释
オトコ	男
オンナ	女
コドモ	孩（子供，日）
ホン	书（本，日）
ミヅ	水
ヨム＝読む	
デル＝出ル	
ハナス＝話ス	講（较详）
イフ＝云フ	说（简）
カエル＝帰ル	
ノム＝飲ム	
タベル＝食ベル	

クフ＝食フ　　　　　（少用）

アカイ＝赤イ　　　　红色

シロイ＝白イ　　　　白色

サムイ＝寒イ　　　　冷

アツイ　　　　　　　熱イ　热　　　厚イ　厚

アタタカイ＝暖イ

ウスイ＝薄イ

カラ　　　　　　　　从（即英文之 from）

ト　　　　　　　　　同、与、和

人ガ町カラ帰ル

女ガ子供ニ話ス

秋ニ白イ花ガ咲ク

寒イ夜ニ鳥ト蟲ガ啼ク

以上第五课和下面第七课，兼教些文法的常用语，如：

第七课

コレ	此レ	コッチ	此处	コノ	此之	ココ	此处
ソレ	其レ	ソッチ	其处	ソノ	其之	ソコ	其处
アレ	彼レ	アッチ	彼处	アノ	彼之	アソコ	彼处
ドレ	何レ	ドッチ	何处	ドノ	何之	ドコ	何处

アル　有ル　アリマス（アル的敬语）　　アリマセン　　不

オル　居ル　オリマル（オル的敬语）　　オリマセン　　不

イル　入ル　イマス（ヨル的敬语）　　　イマセン　　　不

ナイ　無（不常用）・デス　是

コレハアノ人ノ本デスカ（？乎）

アノ人ノ本ハドコニアリマスカ

ココニアリマス或ココニアリマセン

アソコニ木ガ有リマウカ

木ハアリマセンガ花ハアリマス

　　学习到了第十一课，就总结一下学过的字和句，成为语言的简
单应用了。例如下：

第十一课

御茶ヲ拵ヘテ下サイ（御，敬词，大抵加于名、动词上）

御茶ヲ御飲ミナサイ

町ニ行ツテ御茶ヲ買ツテ来テ下サイ

アノ子貢ハアソコデ何ヲ読ンデ居リマスカ、行ツテ見テ下サイ

秋ニ成リマシタ、ケレドモ天気ハ暖イデス

町ニ行キマシタ、ケレドモ御茶ヲ買ヒマセン

花見ニ行キマシタ、ケレドモ花ハ見エマセン

花ハ咲キマシタ、ケレドモ花見ニ行マセン

鳥ガ啼キマシタ、ケレドモアノ人ハ聞エマセン

ト（代括号）

コレハ何ト云ヒマスカ？

コレハ筆ト云ヒマスカ？

女ノ名ハ何ト云ヒマスカ？

私（ワタハシ）ハ許（キヨ）ト云ヒマス

アノ人ハ御茶ヲ買ヒマセント云ヒマシタ

如上的举例子，逐步深入，而又灵活的每天这样地学习。一共自编自教了廿七课，大约是从 1926 年 12 月共学了一个月，就换了课本。每天都是晚上授课，非常严肃认真地教着，除非晚上有人邀请，回来太迟了，才在这一天休息。到 1928 年 1—10 月，改换了课本《ニール河乃草》，即尼罗河之草的一本浅明谈论艺术的书，内容从原始讲起，包括埃及的人首狮身及罗马的维纳斯至中世的十字军及文艺复兴以至新时代的小方块石砌像以及偶像破坏；后来的美术又包括雕刻与绘画；至十五世纪油绘的发明，十六世纪礼拜堂的建筑；到近古的欧洲各国的艺术，及宗教改革时代等的艺术与近世法国革命后的艺术以及现代艺术等；凡欧洲文化具有初步了解，都尽量设法给与一个从事文学工作者的初步认识，这和他一向叫人在文学之外多得些普通知识，或各方面知识的认识是相符合的。

尤其重要的，是他认为每个人基本上不可少的是马克思主义的思想，这思想在文学工作者的重要性。自从他学习了马克思主义的理论，相信了这个真理以后，就不但用它来"煮自己的肉"，而且也执着地以之教育他周围的人，使真理之火从自己的身边燃起。当时，正是大革命失败之后，白色恐怖极其浓厚，但鲁迅一经认定马列主义是真理，就不但要学习，而且还要宣传教育别人。所以我的第二个课本，就是日文本的"马克思读本"（神永文三著）。除序文而外，内容共分十讲：一、马克思的生涯及事业；二、唯物论的辩证法；三、唯物史观；四、阶级斗争说；五、马克思主义与国家；六、劳动价值说；七、剩余价值说；八、资本积蓄说；九、利润说；十、资本崩溃说。教时，从序文讲解起，于 1928 年 10 月 30 日晚起，至 1929 年 4 月 7 日止，费时共五个多月。马克思的著作，本来是比较艰深的，再经过日文的转译，其术语和整个句子对我来说就更加难懂，自是不难料想的了，但是鲁迅能够深入浅出的说明这些道理，有时把整个句子拆除开来向我讲解，并且随时改正课本上所有的错字，使我听来就明白易懂得多了。本来这是为学习日文而采用的一本课本，但是现在打开这个课本，如对严师在前，不但要你晓日文，还须了解内里理论的奥妙，那课程的大概内容，它所包含的真理的光芒，以及鲁迅对我讲解这些革命真理时的声态，我还觉得依稀可辨，历久不渝。

那时，鲁迅正在主编《奔流》，后来又编《语丝》，此外，又与朝花社中人商量出《朝花周刊》《朝花旬刊》《艺苑朝华》，又为青年校定译稿，答复青年来信，再加上自己写稿，所以每天都很繁忙，但只要对青年有利，对人民有利，他就不顾一切地埋首做去。时间不够，则夜以继日，努力以赴，对个人与集体都本此精神，即如教我日文，亦何尝不是从这发出宏心，黾勉从事。后来教到《小彼得》，在批阅我试译的稿件之后，更示范地亲自译出一遍，这就是现在收入《鲁迅译文集》里的译本了。

学了《小彼得》之后，我因一面料理家务，一面协助他出版工作，同时不久有了孩子的牵累，就很可惜的停止了学习。更其重要的原因，是我看到鲁迅工作忙得不可开交，连睡眠也顾不上，在1929年3月5日的日记里就写着"通夜校奔流稿"，似这等情况，我何忍加重他的负担！我整天在他身旁，连看一些书报有时也顾不到，学习日文势必也受到影响的，这是客观因素。而存在于我内心的一向未曾提及的，就是鲁迅在闲谈中说出：希望我将来能看懂日文，看他所有的书籍，租个亭子间住着。不需要求助他人。这话是在未有孩子之前，他假想着留下我一个人如何生活的设计。他深知我出来做工作会和旧社会争吵，到处不安分，闯祸的本领是有的，所以在他活着的时候，极力保卫我向安全方面生活，甚至设想到以后也希望得有安全。这是他的苦心。但我从心内（没有说出来）起反感，以为，在他活着的时候，我尽力帮助他，因为他做的工作，对人民贡献比我大，我能帮助他，减轻他的日常生活负担，让他把时间多用在写作和革命工作上，不是效果更大吗？初到上海的时候，我也曾希望有工作，并请许寿裳先生设法在教育界找事，已经有眉目了，鲁迅才知道，就很忧郁的说："这样，我的生活又要改变了，又要恢复到以前一个人干的生活下去了。"这话很打动了我，所以立即决定，不出去工作了，间接地对他尽一臂之力，忘了自己，如同我后来在《上海妇女》的文章中所说的，要做无名英雄的心愿，就这样充塞了我的胸怀。虽然我实际没有给予鲁迅以什么帮助，只是有心无力地直至他逝世还是如此。但是他教日文时的愿望，在他无言的祷祝中要我在家内，看书度日的心愿，在学习日文时，我就未能体会其厚意。我是这样想的：如果是我独自一个人生活了，我会高飞远走，奔向革命所需要的任何地方去，自己是安心不下来的。怀着这样的心情，随时牺牲在革命烈火中的心情，就不由自主的涌起了抵触情绪。不好好的学习日文了。这是我向鲁迅唯一不坦白的地方，他是不知情的，反而只是诚诚恳恳地教书。这不中用的学生，其可怜见，我辜负了他，没有在日文上好好钻研、继续。由于自己的偏见，妄自决定借口家务而废除努力温习，鲁迅口虽不言，必定以我的疏懒为孺子不可教而心情为之难受的。这就是我从未学完的一课的不了了之的可恶态度。

八、同情妇女

我们党所领导的政策，无处不体贴，实现根据马列主义彻底解放全人类的半数——妇女，毛主席在《湖南农民运动考察报告》中也指出过："中国的妇女除了受政权、族权、神权的束缚以外，还要受夫权的束缚。"所以在解放区时代，各级党和政府，一切工作做得好的，都和男女一齐发动的伟大政策分不开的。但在资产阶级的社会，沿着封建社会遗习，而压迫妇女与压迫劳苦大众，剥削童工，同为少数人服务，供资产阶级利用的同一道理。所以，在东北刚刚解放的时候，我听到一支极好的歌曲，歌颂共产党的功绩，我极爱它，歌词的头两句就是："没有共产党，就没有新中国。"那时国歌还没有定出来，每于大会开始，就唱着这个从人民心里倾泻出来的精练出来的词句。在东北召开的解放后第一次妇女代表大会要我讲话的时候，我也通过自己的体会，首先唱出没有共产党，就没有妇女的解放的话来。事实证明，今天人民公社的存在，就是彻底解放全民，连妇女在内的很雄辩的证明。

鲁迅一开始执笔，就执着唤醒人民，尤其对被压迫人民的自觉运动。对农民、妇女、儿童的不合理待遇鸣不平。这仅只是提出问题，引起注意，然积压几千年，在鲁迅活着的几十年中成为他一生黑暗的重担，到解放后才见光明了。现在仅举鲁迅对妇女方面约略谈论一下。我们从1918年的《热风》时代起，几乎每本著作都有关于妇女问题的文章，粗粗一翻阅，就看到：

《热风》：（1918—1924）

《随感录四十》：

> 爱情是什么东西？我也不知道。……
>
> 但从前没有听到苦闷的叫声。即使苦闷，一叫便错；少的老的，一齐摇头，一齐痛骂。
>
> ……
>
> 可是东方发白。人类向各民族所要的是"人"，——自然也是"人之子"——我们所有的是单是人之子，是儿媳妇与儿媳之夫，不能献出于人类之前。
>
> 可是魔鬼手上，终有漏光的处所，掩不住光明：人之子醒了，他知道了人类间应有爱情；知道了从前一班少的老的所犯的罪恶；于是起了苦闷，张口发出这叫声。
>
> 但在女性一方面，本来也没有罪，现在是做了旧习惯的牺牲。我们既然自觉着人类的道德，良心上不肯犯他们少的老的的罪，又不能责备异性，也只好陪着做一世牺牲，完结了四千年的旧账。
>
> 做一世牺牲，是万分可怕的事；……
>
> ……
>
> ……我们要叫到旧账勾销的时候。
>
> 旧账如何勾销，我说，"完全解放了我们的孩子！"

鲁迅叫出了几千年封建婚姻下无数男女的悲哀的呼声；用他自

己的处方来说："也只好陪着做一世牺牲。"但也明白：这"是万分可怕的事"，因而寄希望于下一代"完全解放了我们的孩子"。

光是"叫"没有用的，至多只能引起注意，如果旧社会的制度不铲除。真正化悲哀为力量的是革命，是新的婚姻法在革命胜利后产生了。我们青年今天，一些人因为记不起那个时候（仅仅几十年前），中国的旧社会是什么样子的了，因而有些人就说：鲁迅的著作看不懂。其实所谓不懂，就是实生活感的不同，因隔膜之故所致耳。

《呐喊》：（1918—1922）

《明天》里面的单四嫂子

《坟》：（1907—1925）

《我之节烈观》

《娜拉走后怎样》

《论雷峰塔的倒掉》

《坚壁清野主义》（反对禁止妇女出游，要走解放的路）

《寡妇主义》

《华盖集》：（1925）

《公理的把戏》（写女师大问题）

《这回是"多数"的把戏》（同上）

《华盖集续编》：（1926）

《记念刘和珍君》

《彷徨》：（1924—1925）

《祝福》里的祥林嫂

《伤逝》里的子君

《离婚》里的爱姑

《而已集》：（1927）

《忧"天乳"》

《三闲集》：（1927—1929）

《铲共大观》（叙述反动统治者对革命者砍头示众"暴露女尸"借以威吓群众）

《朝花夕拾》：（1926）

《阿长与山海经》（写一个女工的故事）

《故事新编》：（1922—1935）

《补天》（女娲的故事）

《奔月》（嫦娥的故事）

《二心集》：（1930—1931）

《新的女将》（反对专以女人做点缀品）

《集外集》：（1932）

《〈淑姿的信〉序》

《南腔北调集》：（1932—1933）

《关于女人》（反对把一切社会罪恶都加在女人头上）

《关于妇女解放》（为解放思想、经济、社会等而奋斗）

《上海的少女》（反对早熟风气）

《准风月谈》：（1933）

《男人的进化》

《花边文学》：（1934）

《女人未必多说谎》（指出杨贵妃、妲己、褒姒替男人伏罪）

《论秦理斋夫人事》（论妇女自杀）

《且介亭杂文》：（1934）

《阿金》

《且介亭杂文二集》：（1935）

《论人言可畏》

《且介亭杂文末编》:(1936)

《女吊》

以上所录的各篇，集合起来，为鲁迅关心妇女、解放妇女提供的具体意见是很完备的。内容有婚姻、家庭、寡妇、新女性等问题。尤其在1933年间，国难严重，鲁迅在《关于女人》的文章中特别指出："似乎女人也特别受难些……凡是和女性有关的，都成了罪状。"他一针见血地说出："其实那不是女人的罪状，正是她的可怜。这社会制度把她挤成了各种各式的奴隶，还要把种种罪名加在她头上。"又说："私有制度的社会，本来把女人也当做私产，当做商品。……把女人看做一种不吉利的动物……同时又要她做高等阶级的玩具。"这种不公平，不合理的待遇，就是："西汉末年女人的'堕马髻''愁眉啼妆'，也说是亡国之兆。其实亡汉的何尝是女人！不过，只要看有人出来唉声叹气的不满意女人的装束，我们就知道当时统治阶级的情形，大概有些不妙了。"（以上引文见《南腔北调集》:《关于女人》，此文为鲁迅与瞿秋白商量，由秋白执笔写成的）

以这样的思想为根据，鲁迅就大胆地站起来替妇女说话，甚至替杨贵妃、妲己、褒姒翻案，指出她们冤枉地几千年来在一些史学家替专制王朝辩护，说他们的江山，是被这几个女人毁掉了的一篇无耻谰言。

人们只要一读《祝福》中的祥林嫂及《离婚》中的爱姑形象，是多么活跃在纸上，令人沉痛其遭遇而寄予莫大的同情呀！

关于《集外集》里《〈淑姿的信〉序》，有人疑是鲁迅给他的小姨而作的，其实不确。乃是一不相识之人名程鼎兴的托费慎祥把《淑姿的信》送来求作序以便出版，以表示他怀念之情。从表面看来，是一番好意，但从他对待淑姿的信里观之，则是一个薄幸郎君，使淑姿赍恨以殁的。鲁迅深为淑姿抱不平。照此线索，复案序文，则迎刃而解全文了。因是男方要求，鲁迅不便直斥，故隐约其词：以花之失荫而遭寒比，又以女方颇欲振奋，而终于陨颠于实有，来诉出其悲痛。后又述说淑姿抱着美好的梦步向人生，然而来日大难，衔哀不答。忽而得病了，纠纷也释，以至于死。到"中国韶年，乐生依旧"句则简直痛责程鼎兴了。"则有生人，付之活字"，以生人对活字，不但骈文之工整，臻于上乘，而且运用新文词于古文中，实亦难得。更其具有深意的是印书者的程某，不过一生人耳。实可说与淑姿毫无关系，是种分析，透木不止三分了。末二句："分追悼于有情，散余悲于无著"的"分"字、"散"字，与"有情"是读者，而出书的人就可以自慰自地以为无憾，其实是"无著"了也。鲁迅写此文煞费苦心，因费君之请，有不便推却之势，要是别人，也许璧还算了。但既要他写，也还是有分寸的，不能随便让女性受委屈，这是鲁迅万不得已而出此的。写完这篇序文，鲁迅自己亦十分欣赏，说可以交卷了。稍稍研究鲁迅的旧文学根底的，都晓得他沉湛于六朝文的功夫颇深，这回是因为要痛责程生，用文言文中之骈文出之，令读者须费一番体会。这时鲁迅还不禁称道是旧文学的好处，可以含蓄其词。全篇文字也铿锵入调。我们两人曾美读一番，所以至今还留有深刻印象。

鲁迅随时、随地、随事维护妇女权益，对妇女问题，可谓关切备至了。

但是否凡属妇女，都博得他的同情呢？这却未必。你看他之责斥杨荫榆是多么不容情。他之批驳寡妇主义是多么痛彻透辟！凡这些，无非一个目的，是本着党的精神，凡被压迫者都给予援助。《记念刘和珍君》的一篇文章，是尽量揭露刽子手们的凶残，更极力鼓舞继起者的力量，尤其刚刚抬出头来的青年妇女。他只有极力称赞，是具有奖掖深意的。

在《记念刘和珍君》的末尾有这样感叹动人的含有教育意义的话：

"我目睹中国女子的办事，是始于去年的，虽然是少数，但看那干练坚决，百折不回的气概，曾经屡次为之感叹。至于这一回在弹雨中互相救助，虽殒身不恤的事实，则更是为中国女子的勇毅，虽遭阴谋秘计，压抑至数千年，而终于没有消亡的明证了。倘要寻求这一次死伤者对于将来的意义，意义就在此罢。

"苟活者在淡红的血色中，会依稀看见微茫的希望，真的猛士，将更奋然而前行。"（见《华盖集》续编）

果然，继"三一八"之后的"一二·九"大运动，前仆后继的青年男女的不屈不挠，机警沉着的行动，更加奋勇的英雄气概，答复了鲁迅的期望。而抗日至解放战争的漫漫长夜中，中国青年男女，在中国共产党和毛泽东主席领导下，更放出万丈红光，为新中国、新世界在亚洲开一新纪元。

鲁迅凡有表现于文字的，从行动中往往也一致，是统一的。他反对婚姻压迫，我们试读一下《离婚》中的爱姑，是个多么聪明伶俐、能干巧辩的妇女，但一碰到"七大人"们，就有理也说不清了。像这类女人的运命，是多么可怜，可怜到任人宰割的程度还不知道对付方法，因为两方面所用的语言并不一样，然而法律条文在"七大人"口中一个字也无须说出就轻易地断下离婚了。这潜默的或显著的恶势力如果不彻底推翻，中国妇女将个个沉入深渊底下，见不到天日！

鲁迅也曾用他微弱的力量，拯救过一个女人。那是在1928年的时候，我们有了孩子，就希望有一个得力的保姆照顾他，以便我们得以专心做另外工作。经同乡介绍，说有一个妇女正合适，她名叫阿花。我们聘请下来了，工作十分满意。做起事来，又快又好，并且一面喝山歌，哼哼哈哈的，一面又干活，把孩子哄得蛮适意，我们也更重视她的能干。在闲谈家常中，晓得她被丈夫虐待、毒打，才逃出来工作的，这不就是活生生的典型妇女受到压迫的实例吗？像这样能干的妇女，劳动力又好，而丈夫还不知爱惜，人间不平事，哪有像这样的。忽然有个人敲门或前后门有什么情况，每一风吹草动，看见阿花就丧魂失魄似着了鬼迷般不知如何是好的直往楼上窜，如此状态对小孩是不利的，而且越演越频繁起来了。读者还记得祥林嫂见了癫痫卫二的惊骇不可名状的一幕吧，实大有过之无不及，我们算在眼前重见这真人真事，如何惊破了一个女子的胆，就像兔子被猎人追赶下的战战兢兢情况，那楚楚可怜之状，实为同情者所不忍卒视。这风波不止一次的演出来，自然难免被我们知道。上海房子是前门正对别人后门的，有一天，从我们家里看到对面后门厨房里人影绰绰，似有什么事情要发生的样子，我们抱着自扫门前雪的态度，没有理会。但敏感的阿花面色发白急匆匆跑到跟前，像大祸临头似的上气不接下气的说："不好了！那死鬼（她丈夫）就在对门，要是被抢去怎么办？"鲁迅这才留心细看，对门厨房里确有不少人。原来那家也是用的同乡人，阿花的丈夫就有那么长的手脚，从乡下出来到上海，想到上海劫回阿花。这创纪录的一幕，演出时必然轰动邻里，而我们的一家，就在这批人指指点点，喊喊喳喳下闹了一大半天。后来还是鲁迅向他们说：有事大家商谈，不要动手动脚的。经这一解说，他们也觉得上海不比乡下，知难而退了。不记得是对方还是鲁迅方面，找到在乡间的一位士绅，来商谈这一问题，原来一见面才知道那士绅就是以前在北京大学读书，和鲁迅时常来往的魏福绵。熟人相见，自然无话不可谈，而况他又比较知道鲁迅之为人的，他就说："阿花的丈夫，原本想来抢人回去的，但既然东家要留下她（他意思是鲁迅欢喜要收下她），就听从贴补些银钱，好另行置一头家便是了。"鲁迅听了大笑，原来有这等误会。但问阿花，一口咬定不愿跟丈夫回去，情愿离婚。就在魏福绵调解下，鲁迅替她付出一百五十元赔偿费，以后陆续用工资扣还，这事就此结束。过不两月，阿花就别去了，以后情况不知。总而言之，她是脱离了樊笼，远走高飞地不再挨打受骂了。那时的社会，有几个人有机会才遇到鲁迅为之解围！千千万万妇女却常以泪洗面呢？春雷爆响，巨光闪耀，人民的尤其妇女的救星中国共产党和毛主席出现于新中国，才真正彻底解救了妇女，从几千年沉沉欲睡的社会奋起。如果说，中国人民感谢党和毛主席，则中国妇女更其加倍地感激党和毛主席，爱戴他，活菩萨一样供奉他，爱之如神明一样信服他，我们真正翻身了！

就拿我个人来说，旧社会的黑影就像魔掌一样时刻笼罩在头上。一生下来就被母亲厌恶，要把我送给本家，自贴抚养费也在所不惜，因为迷信说我要克父母的缘故。父亲因此也想着不要我了，生下三天就许给人家，那家的父亲是孔教会中人，就这一点其思想腐败反动，顽固可知。我从小随着三个哥哥在私塾读书，就模糊地晓得有"彩凤随鸦"的辞句而对婚姻不满。到十二三岁时就向家人表示过反抗，被大哥知晓同情我。到十五六岁的某一天，那家的人来了，我冲出去，表白了我自己的不愿意，当着父亲严厉的斥责"出去"，而终于把自己意思说完才走。那是受了当时旧民主主义的辛亥革命人办的报纸《平民报》的影响而发的。

平日里每一想到终身大事，就不禁悲从中来。孑然独处，就想好好读书，先把自己底子打好了，就什么事都会应付了。就这样，我从家内一直跑到外面，凡孤女儿旧社会所给予的冷遇，都像尝五味子一样无不品尝到了。但我自具一个奇怪想法，就是废物利用法。

譬如一个人，活着总可以做些事，这就于人有益，不关事之大小吧，总可以随时随地的去做些工作。所以做学生时就积极去加入游行、请愿；其实是消极的，不是为了游行、请愿本身，乃是为废物利用。对自己可以说无大希望的。这思想发展下去，对鲁迅也如此。我同情他"陪着做一世牺牲，完结了四千年的旧账"而拼命写作，于寂寞中度过一生的境遇，而又自觉我比他年纪轻些，有幸运解除婚约的痛苦。因我之幸运，更觉他的遭遇不幸而同情起来了。这也许是我们基本上思想的一致：反抗旧社会。我的废物利用思想，到现在还存在着，倒不是新社会还有黑暗的一角在保留，却是更其热爱这个新社会了。甚至想到：尸体也可供医学生研究，作解剖资料，然后化成骨灰，也不要什么保存了，免占了许多地方。就随便像其他骨灰一样作肥田粉好了，这是我的一点点报答这可爱的中国、可爱的大地、可爱的农业、可爱的帮助中国人民解放事业的党所领导一切的办法：把一切彻底的、无保留的献给党，这是我唯一的心愿。

九、内山完造先生

　　内山先生于 1959 年 9 月 19 日到达了北京，他寄予无穷希望的中国首都。一下机场，就喜笑颜开地称赞他解放后第三次到了北京，惊叹于机场的新建筑，短期间建成的堂皇富丽的新型大厦。再经过修整的林荫大道，鲜花簇锦的路旁美景，他高兴得手舞足蹈，有似小孩般的不肯安静，兴奋到了极点。

　　这次他是以"日本友好协会"副会长的身份，应中国人民对外文化协会的邀请，来参加我国建国十周年的庆典，并拟在中国休养一个时期病体的。所以他不是个人来华，而是携了他的夫子内山真野女士一同来的。但不幸，由于日本政府在签证上给了他许多麻烦，几经奔走才得到签证，这使七十四岁高龄的带着病的老人深受刺激。长途飞行自然也难免劳累，但我方招待人员的无微不至的照顾（在中途郑州曾休息一夜），加以一路上从广州到北京所看到的伟大建设，深深打动了这位老人，两三年的不见，又看到另是一番景象。在酷爱中国有似他第二故乡的内山先生，经历过中国反动统治的时代，又经历过日本军国主义侵略中国的时代，那时候到处是满目疮痍，民不聊生的、生活得苦难之极的中国人民，今天由于党的一切为了人民的无比壮观瑰美的努力建设，老人除了极称赞之外，甚至向家人表示，死了也要葬在中国上海，没有想到这句话成了他的遗言。由于中国在党领导下，愈是巩固，愈是加速前进，愈是刺激他回过头去看看日本：当我1956年到日本去参加反原子弹大会时，内山先生无日不陪伴在左右，每看到美帝国主义在日本霸占了极好的地方做它的军事基地时，听到一个初到异国者称赞其景物美丽的词句时，内山先生就总是补充一句"好是好，但不是我们自己的了"的意味深长，令人警惕的话语。也就愈益感到他爱祖国的感情深挚，愈觉得中日友好对挽救世界和平的必不可缓。因而他自己更加忘我地致力于两国友好的工作。在来华之前，听说他曾走遍日本各个城市，宣传中日友好。在反动的以勾结美帝国主义为荣的岸信介政府下，内山先生卓然行其所是，为中日以及世界的和平谋幸福，是从痛苦的经验觉悟到，这才是拯救日本的唯一道路。说起这信念的始终在他脑海里旋转，也不是一朝一夕。是因为他从大学毕业不久就到了中国，几十年在中国看到压迫统治者对人民的残酷，帝国主义侵略奴役下生活的中国人民是什么样子的，深深教育了他，启示他。又看到新中国人民真正翻了身，做了主人的豪迈气概，因而对日本人民要求对中国友好的行动更加坚决彻底，对中国党所领导的国家前途光明无量，伟大无边的乐观主义精神所鼓舞。听说他临来中国之前，每到一个日本城市，就把这新中国同样内容的称赞介绍一番，再昭告日本人民要和中国友好才有前途的话，说了又说，不止一次的谆谆告诉日本人民，甚至振奋过度，在日本就病倒了。经过医治了一个时期，稍稍痊可，就应中国的邀请而来了。这是最近，也是最后的一段，在内山先生逝世前，（看到他）几十年生息于其间的中国成长地前进、具有无限光明，而同其快乐的光荣的一页。我相信，凡是有志于为日本前途奠下了和平基础的人们都不会忘记这位献身于和平事业的至终不息的慈祥老者的。

谁都知道鲁迅在上海的十年间和内山先生有浓厚的友谊。鲁迅在上海的反对反动统治，反对帝国主义的行动，以鲁迅深明铁的纪律，有些事连家内人也不谈的。我们可以体会到即是深厚友谊如内山先生的，也有一定的限度，这是我们可以深信不疑于鲁迅的。然而从二十几岁就到中国，见过中国许多变乱奋斗历史的明眼人如内山先生的，未必不耳濡目染于鲁迅的救中国，献身于中国的崇高品格。尽管执业各有不同，以接近的亲切而论，至少在鲁迅逝世后必大明白了。至少在日本军国主义失败，美帝国主义占领了整个日本，挟持日本，扩充军备，为再一次以日本人民作炮灰的行为，在七十四岁高龄，饱经世故的内山先生是一步步深入，一步步更加了解鲁迅的为人。而鉴于以前的旧中国卖国政府压迫人民，无时不被内山先生看在眼里，就更加觉悟到：现在的日本如同他所见的旧中国一样。在这样环境之下生活的内山先生，其痛苦的心情，因而更积极地做两国友好工作，想从此找出解救日本现状的唯一办法的心情是可以体会的，因为我们是过来人了。

表过最近的内山先生情况，就我所知来推测一下内山与鲁迅关系，两人都是"盖棺"或者可以"论定"了吧，但我对内山先生只是从旁了解一二，加以揣测，还是不能作"论定"的。只是就我所见闻的略述所见，确否还待事实再作证明才对。

我们经过广州的大革命后，屠杀青年的阴森森的时日里，在1927年10月3日到达了上海，过了两天即5日就去到四川路的一个浅小胡同叫魏盛里的一间日本书店。那是住家兼店面的，在胡同最后的一家。对过也扩充了，似乎一面卖些文艺或理论书，一面是卖些期刊杂志什么的，也有些中国店员或日本店员，这都没什么关系，横竖鲁迅操得一口满好的日语可以表达意思，直接选购要买的书。

当开始去到书店的时候，第一次买了四种共四本书，我是同去的。我们的朴素的衣着并不打动人，鲁迅似乎还带些寒酸相。后来鲁迅逝世了许久的时候，在这店里当过店员的一位王先生还告诉我一个有趣的故事：当我们一到店里，他们打量了鲁迅这般模样之后，店里负责的一个日本人向王说：注意看着这个人——鲁迅，他可能会偷书。这是难怪的，当时来店的一些读者很随便，尤其搞美术的，有时内山书店很好的一本书，却突然插画没有了。内山的哲学是不要声张，怕因此减少来客。他的书店又相当拥挤，就在这拥挤之下失掉了一些图片的经验，在这个店内时常会遇到的，补救的方法只是尽可能地注意。鲁迅就曾经被这样注意过，但出乎意外的是像这样没有购买力的人会忽而选购了一大叠书。这里用内山先生回忆，他们认识的开始是这样的：

有一天，那位先生一个人跑来，挑好了种种书，而后在沙发上坐下来，一边喝着我女人进过去的茶，一边点上烟火，指着挑好了的几本书，用漂亮的日本话说：

"老板，请你把这些书送到窦乐安路景云里××号去。"

现在，那屋子的门牌我已经忘掉了；当时，我立刻就问：

"尊姓？"

一问，那位先生就说：

"叫周树人。"

"啊——你就是鲁迅先生么？久仰大名了，而且也听说是从广东到这边来了，可是因为不认识，失礼了。"

从那时候起，先生和我的关系就开始了。

——《鲁迅先生纪念集》

事实是，鲁迅头一天到内山书店并没有见到内山先生。看似会偷书的那位客人意外地买去四本书之后，这是在 10 月 8 日由旅店搬到景云里寓内的事了，经过了又一次的到店买书，被店员向内山先生报告了这不寻常的奇遇，经内山先生有意识地探出是谁之后招呼起来的。

因为住居的近便，鲁迅每每散步似地就走到魏盛里了。内山书店特辟一片地方设了茶座，为留客人偶叙之所，这设备为中国书店所没有，是很便于联络感情，交接朋友的。以后这个环境被鲁迅所乐于前往，几乎时常的去，从此每去必座谈，除非有别的事情未能外出。后来又作为约会朋友的地点，那是在书店搬到北四川路底坐北朝南的一间具有楼上的地方后，那是比较后来的事了。

记得到过魏盛里几次之后的某一天，有个妇女从店后走到外面去，经过我们身边，内山先生就指向我们说：这是郭沫若先生的日本夫人，并且又说到郭先生曾住过他的店内。到后来日子一久，了解得更多了。郭先生住在日本，每有写作，寄回中国，都是内山先生代理，收到稿费之后转交给日本夫人，再由她买成中国土产带回日本去。内山先生这种为避难的中国朋友尽其一臂之助的高贵友谊，我们很早就知道。而在 1930 年 3 月鲁迅因参加左翼作家联盟成立会之后，被敌人追踪，空气极度紧张时，就同样的，内山先生从郭先生身上把这分友谊转移到鲁迅身上，一样地给予避难场所，达一个多月之久。

我们之所以深信不疑，是从闲谈中内山先生曾经用过这样的话以表明他的态度："就是不出卖朋友的人，在日本人中也有的。"这就无异明白地向鲁迅表示：请你放心，我绝对保障你的安全！我们过细地考察，内山全家连店友在内，对鲁迅的好意确实如此。

而且很抱歉地，内山先生招待鲁迅在他的家内，还不仅是款以饭食的简单招待而已，记得海婴才半周岁的一次，鲁迅避难的时候，正全部牙齿患病，需要扫数拔去，连牙床也须切开动手术磨去一些不平的齿槽的时候，牙肉浮肿，经过一个多月才得愈合好的期间，要吃流质或半流质的东西，病人在避难中是很不方便的，这时为了照顾病体的早日恢复，内山夫人多方设法就营养有利的方面设想：给以稀粥、牛奶、鸡汤之外又加了亲自磨成碎粉状的苹果佐吃，以增进健康的早日收获，这些使我看到除惭感之外，自觉就在家里住也许还没有这样的周到呢。这披诚相待的友谊，相互之间彼此不觉又增进一层说不出的人类互爱感。在久经患难之际，得此弥足珍贵的款待，真好像是对鲁迅视如家人，我们怎么不感动到极点？

在有了通家之好的友谊之下，内山先生也坦怀相见，说出他的身世梗概给鲁迅听了：

原来内山先生在大学毕业后和旧中国的大学生没有两样，"毕业即失业"。他不得已在街头卖报，跑号外。不知怎么一来跑到了中国，足迹几乎踏遍了各大城市，后来又到了上海。他借以为生的是在中国卖"大学眼药"。在上海又贩卖了严大德堂的脚气病药到日本去。说也奇怪，日本人脚气病真多，用了脚气病药几乎是药到病除。据说曾经有患病回国的水兵，用药见效之后从船上又重新下船回来了。想不到在上海附在茶叶店出售的并不见知于国人的中国成药，在日本如此灵验如神，内山也因此留居上海。这回重来中国，是深信中国医药，能治疗他的沉疴再起，说到中国服些中药，他就会好起来的。不料到达的当日就以脑溢血不及救治而逝世，但中国医药的见称于世，确为内山所深信不疑，予以无穷期望的。

内山很尊重他的夫人，时常称道内山书店的成立是靠了夫人之力的，有时甚或谦逊地说，她才是老板。原因是他们都是基督徒，当内山走码头、买卖药品的时候，夫人闲着无事，就在寓内摆下铺板，卖些圣经，间或夹杂些妇女月刊、杂志，那是偶尔兼卖的性质，却居然意外成功。买的人一多，杂志生意做起来了。又及其他，文艺书籍销路也有了。久之就夺去了圣经的地位，成为不折不扣的内山书店。内山先生就把卖"大学眼药"的生意移交给他的亲戚，俨然成为书店老板。这故事他是津津乐道的。成为海上冒险家的内山先生，他是有一套成功秘诀的：

因为出身是基督徒，而又比较属于善良的一类，更兼自己经受过艰难困苦，所以代人设想，体会别人艰苦也比较一般商人唯利是图的孳孳营利，有利忘善的胸怀宽大些。这是我们的体会，见诸事实是：他对店员不怎么压迫，给他们租公寓，有病替职工治疗，这较之中国旧式店东对店伙是开明得多的，因之中国店员都很安心工作。有犯错误的，他也不直接干涉。有两条线在管理着他们：凡是日本店员，有一位高级日员管理，凡介绍进来，应做职务，应行教育，都由他负责。中国店员的引进以及一切应该做的，也有中国的王宝良带头。内山只要通过这两条线行使自己的兴革任务就好了，所以他可以腾出身体做些社会活动、个人交际，有空就在店内工作，从早到晚，每日如此，似与店相干又似不相干，而凡有社会活动，对店务也有好处，这是一面。

例如对鲁迅，他尽了朋友责任，甚至好友的责任。鲁迅因为避免政治上、人事上的纷扰，我们的住处经由内山先生作为店员宿舍去租赁的。房屋、水电、煤气都是先交款给他代办的。因之通信处就不便直接收发，也统由他们代理了，这是生活的一种权宜办法。

内山先生也细心选择，限于几个店员知道我们住处，经常每天上午，由我到店看有没有书信，或下午鲁迅自己去取。所以劳动店员的机会是不多的，但总难免与书店有关系吧，所以在1934年8月又一次的避难，是因内山书店的某店员被捕，鲁迅为慎重起见，也躲藏了一个时候，住在千爱里内山家内。

再就是约会。鲁迅每于约定前先到店内等候。简单的，不妨事的就在店内茶座相见了。稍费时间的，须要秘密的，就另找地方，陪去别处。或鲁迅自己领去附近咖啡店，亦有时在书店后面的千爱里内山先生家内见面。这些多式多样，视情况而定，无非都为了避免引起注意，比较得到安全而已。这是对鲁迅给予便利，对革命工作有好处的，我们深致感谢于内山先生的，为中国做了好事一桩，不会忘记的。

忽然史沫特莱女士要离开上海。她是属于干革命工作的一类人物的。她向鲁迅请求寄存一个文件箱子，像普遍衣箱那样大小，鲁迅不便推却，但对自己住处也有顾虑，商之内山先生，居然满口应承，就把它放在店里茶座的桌子底下几个月。鲁迅看到高兴地对我说："这办法真好，似漫不经意的随便一放，别人也不会起疑心。"就这样替鲁迅解决了一个为难的问题。

"来而不往非礼也。"鲁迅有时也替内山做些工作。例如鹿地亘夫妇被日本政府释放后搭戏班的船到了上海，没有生活来源的艰难时候，找到了内山，内山先生首先就想到鲁迅，介绍他见面，叫他翻译鲁迅作品到日本去，得些稿费以维持生活。于是选作品，解释疑难之处的工作就落到鲁迅头上了。更早些的增田涉，也是内山夫妇亲自带到鲁迅家内，自后每天为他讲解《中国小说史略》，进行了几个月，回到日本后，又经常为之代选书籍，当释疑解答难题的义务顾问，以致增田先生成为中译作者颇负盛名的一人。更有日本改造社记者木村毅被特派来，听说萧伯纳要到上海，要得到第一手消息，通过内山向鲁迅请求：日本记者方面打算派小火轮去到萧的船上访问，而未被允许。无论如何也不能达到目的，却是萧早已被宋庆龄请去了。日本记者没有办法走进宋的住处，正当彷徨无策的时候，鲁迅忽然得到通知：宋夫人邀请他前往与萧相见。这就解决了日本记者的为难，通过鲁迅给予便利，第一手报道于日本新闻界的是这位记者，这在资产阶级的社会，在日本新闻界是何等重要呀！其他如日本歌人山本初枝女士的认识，内山嘉吉的交往，以及无数的日本朋友的往来等等，都多数是通过内山而来的。

以一个商人，一个书店老板在中国做生意，因着生意关系鲁迅向内山书店购置了大量图书，有时甚至并不需要，可有可无的书也特地购置了，以增进营业的收入。鲁迅是这样苦心满足商人的要求，为商人的生意设想。而这个商人，在生意之外，有些社会活动，对中国文化人想有些友谊的增进，自然同时也是增进内山先生的社会地位，这一点鲁迅是理解的。中日之间，人民的友谊是可以互利来往的，只要在平等之下，互相有利是可以的，鲁迅本着这样的原则想事，而且照着去做了。

再进一步，在1932年"一·二八"上海战事发生的时候，我们住在北四川路底的公寓里，正是面对着当时的日本海军陆战队的司令部，当28日晚鲁迅正在写作的时候，书桌正对着司令部，突然电灯全行熄灭，只有司令部的大院子里人头拥挤，似有什么布置的要发生事故的样子，我们正疑惑间，忽然从院子里纷纷出来了许多机车队向南而去，似含枚疾走的急促紧张。未几就隐隐听到枪声由疏而密，我们跑到晒台上则见红色火箭穿梭般在头顶掠过，才知道子弹无情，战事已迫在眉睫。急退至楼下，就在临街的大厅里，平日鲁迅写作兼睡卧的所在，就在书桌旁边，一颗子弹已洞穿而入，这时危险达于极点，到卅日天才微明，大队日军，已嘭嘭敲门甚急，开门以后，始知是在检查。被检查的我们，除了鲁迅一个是老年男子以外，其余都是妇孺，当即离去了。

但跟着内山书店的日本店员也来传达内山先生的意思，据说是夜里这公寓有人向日本司令部放枪，这里只住有我们中国人一家，其他都是外国人，而每层楼梯都有窗户，就难免从这些窗户再有人来向外放枪，那时我们的嫌疑无法免除误会，不如全行搬到他书店去暂住一下。

在这样形势之下，三十日下午，我们仅仅带得简单的衣服和几条棉被，就和周建人家小连同我们的共十口人挤在书店的一间楼面上，女士、小孩和大人一起过着大被同眠的生活。

窗户是用厚棉被遮住的，在暗黑的时日里度过了整整一星期，到2月6日旧历元旦才得迁避到三马路去。

这时我们看到内山书店中人忙乱不堪：日本店员加入了在乡军人团做警卫工作，店内不断烧饭制成饭团供应门外守卫的军人进食。我们则呆蹲在楼上斗室中，照顾着孩子们不声不响，不哭不闹地度日如年。而耳边的枪炮声，街头沙袋的守卫踱步声，以及随时有巷战可能的、紧张的、默默无言的，然而又互相领会其情的，却又不便深问的情绪杂然纠缠在一起的难以名状的味道，却真是不好过极了。

内山曾经把左翼被捕释放的鹿地亘夫妇介绍给鲁迅，另外又曾把爱好文学的增田涉君引见于鲁迅之前，此外还有改造社社长的山本先生及歌人山本初枝夫人等等，更有御用诗人如野口米次郎的提出过如此岂有此理的问题："鲁迅先生，中国的政客和军阀，总不能使中国太平，而英国替印度管理军事政治，倒还太平，中国不是也可以请日本帮忙管理军事政治吗？"（见内山完造：《回忆鲁迅的一件小事》，载1956年10月7日上海《劳动报》）事后又予以了歪曲报道，鲁迅1936年2月3日写给增田涉信中说道："与名人（日本的）的会面，还是停止的好。野口先生（米次郎）的文章并没有将我讲的话全部写进去，也许是为了发表之故吧，写出来的部分也与原意有些两样，长与先生（善郎）的文章则更甚了。我想日本作者与中国作者之间的意思，暂时大概还难沟通，第一境遇与生活都不相同。"（见《鲁迅书简补遗》：致日本增田涉部分）以境遇与生活的不同而要求有共同的语言是不可能的。貌合神离的见面是"还是停止的好"。鲁迅就是以如此的态度，不亢不卑，不屈不挠地耿直不阿的态度对付的。

改造社社长山本先生要求鲁迅写文章，投向日本读书界，鲁迅直率地对日本军国主义表示抗议，对军国主义的政策——《火、王道、监狱》用中国故事式表示其最终必然招致失败，最后人民终于击败这种愚民政策的鬼把戏，这是发表于1934年3月日本《改造》月刊的，到了1935年4月又写了一篇《在现代中国的孔夫子》，发表于6月份的《改造》月刊，说明侵略者想用孔子作偶像的崇拜，也还是不行的，因为中国人民对于孔子并不亲密，知道孔子出色的治国的方法"都是为了治民众者，即权势者设想的方法，为民众本身的，却一点也没有"。终于变成了权势者的"敲门砖"，和民众并无关系。这一方面斥责侵略者惯用孔子作招牌的愚民，另一方面又揭示给中国人民不要上尊孔者的当，这又是明白告诉日本军国主义者的"此路不通"了。但改造社还不死心的要求鲁迅写文章。在1936年2月，日本帝国主义已经侵占了东北，铁骑继续在华北横行虎视的时候，鲁迅在这年的4月《改造》月刊第三期上就更不含糊地明显地告诉日本人说：《我要骗人》。在这篇文章里，也就是鲁迅逝世前不久写出的，对日本军国主义的直接抗议："中国的人民，是常用自己的血，去洗权力者的手"，"然而，到底也还是写了骗人的文章。写着这样的文章，也不是怎么舒服的心地。"而且又预见到叛国的亲日派的面目，是与人民为敌。说排日是被共产党利用了这口号，使中国灭亡的，这不就已预言着汪贼精卫的卖国，与蒋介石的"皖南事变"的行动和包围，消灭中国共产党，与日本军国主义打成一片？"而到处的断头台上，都闪烁着太阳的圆圈的罢"，然而人民终于在中国共产党领导下会起来反抗的。这就是鲁迅"披沥真实的心的"义正辞严的告白。

讲这种话，大胆写这样文章的鲁迅，以大无畏的精神，表达了不甘做亡国奴的中国人民的呼声，表白了在党的领导下中国人民的不甘屈服的意志，而他自己，也堂堂地代表了中国人民向日本侵略者宣告其抗议了。像这样直白的面对面的毫不容情的向日本军国主义者的斥责，甚至不惜一而再，再而三地，每年一次，一次率直过一次的发言，对日本人未必熟视无睹。起先，鲁迅在中国反对反动统治，反对蒋介石政府的残暴压迫，日本军国主义者从旁看来，可以看作与己无关，甚或在侵略中国的旗帜下，他也可以利用中国人的反对蒋介石而取而代之，这时没有什么矛盾，内山先生的支持鲁迅活动，在这一意义之下，可能获得日本政府的谅解的。

不少熟人问起鲁迅与内山的关系，内山与鲁迅的深厚友谊，我是这样体会的。可以说，终鲁迅的一生，内山与鲁迅的关系我是如上的了解的，但应当说明，这仅是限于我个人的体会，和鲁迅生前没有交换过意见的。

鲁迅既然如此坦白直率站稳中国人民的立场，毫不含糊地告诉日本侵略者的必然失败的命运。不管他和内山的友谊如何深厚，还是光明磊落的说话，这是鲁迅之所以为鲁迅，毛主席称道他骨头最硬者也在此。但内山既是商人，虽身在中国，其一切行动态度还是听命于日军当局，否则以"非国民"三字来加罪于他，这一点鲁迅亦深懂得的。所以在1936年夏间，鲁迅大病稍愈，就另找房子预备迁徙，拟择居在旧法租界，冀远离开一些日本人居住的虹口势力范围。这计划刚要实现而病不容许他立即迁移，因之就未成事实罢了。这时就把一切与内山书店的关系亦一起割掉在所不惜。

所以就内山方面，如果我照这样的了解来说，若鲁迅更多写些抗日文学，多发表几篇这类文章，其实除写给改造社的三篇之外，在国内刊物上还有《答徐懋庸并抗日统一战线》《答托洛斯基派的信》《论现在我们的文学运动》等篇，都是一个目的，一个要求：在党的领导下共同抗日。鲁迅的态度，可谓毫不保留了，内山岂有不知？如果知道了而又受日军阀的统治，则友谊与日本军阀的意见岂能并存不背？我想他必然在这时候会有所抉择的。

当日军侵占了华北、南京、上海之后，上海人民正处于水深火热之中，北四川路一带的日军兽行，白昼污奸妇女的照片和事实公开进行，胡乱杀人的中国头颅，当街挂起，南京路一带的岁末封锁，饿死过多少人，这都是那时的中国人民忍辱含愤，痛恨之极的。当时我也曾被日宪兵队无理拘捕过，因释放时我不便要中国商店保，以免后患，于是就在伪组织万分不愿下提出只认识内山先生，可请他作保。承内山的慷慨，保出来了。并告诉我幸亏不是中国商店作保，否则一般的至少要被敲去二三千元，像你可能更不止此。因此之故，在某一天的上午，他用电话招我去到他店内时，我不好不去。到了店后，他并不说什么事情，就叫一店员带我到他住的家内，见到内山夫人，稍稍坐下，旋即邀我随她一同到外面去。我们言语不能互通，而邀请又那么殷切，迫不得已随之到窦乐安路（北四川路附近的路名）东口，一大宅院内，始见是一座大洋楼，改成为大饭店，许多人都在各房间休息，找到一间较小的，有夏丏尊先生在内，他也是和我一样的命运，被日本拘捕过的，也和我一样莫名其妙地被邀来了。不久入座在一个大厅内，丁字形的座位，主人是内山和几个不相识的，其余相向而坐的都是左襟上红条写着各人姓名的毫不认识的中国人。我对面坐着一个青年，遮遮掩掩好不容易才有机会看到那名字是"陶亢德"。正纳闷间，内山站起来发言了，大意是：最近得到南京政府（汪伪政权）一笔文化奖金，就在"五四"节拿来请各位叙叙。我听了这话，再四顾除了夏先生外，不认识的人如陶亢德一批，大约是文化界小汉奸和败类，我和夏是被骗来了。心中正没好气，有一个中国女人起来说：某日本女主笔要见我。我说：我不懂日本话。她就说：我可以做翻译。我满腔愤慨回答她说：我不愿见。

从汪精卫伪政权奖给内山文化奖金看来，岂不是因为内山对他们的文化事业有贡献才给奖的吗？看内山兴高采烈地招待那一批人，不是扩大这伪文化事业，拿这金钱来博致奖上加奖吗？在日军占领下的汉奸给奖，他是日本商人，做他意愿或不意愿的事情，我们明白他既是资产阶级中人，当然不能要求他像中国人一样的立场，而况中国人的汉奸不多的是坐在面前吗？越想越气恼，我的到来这时总算认识内山的为人，也算明白鲁迅临死前要搬出北四川路去的道理，两条道路岂能并存？

后来日军投降，内山书店也散伙了，店没有了。内山寄住在虹口他们侨民区。我有机会看见他，很凄凉地在极少数的书籍旁安顿着。再后来，书籍多起来，据说是从旧货郎那里收集到的，已经初具规模了。忽然在这情况下国民党反动派召集了日本侨民于日人俱乐部，大家只身前往，即不令回家，随后便押解上船，内山带着随身的一支手杖回到东京。

可能在东京他也是感到处处不如意吧！他屡次见我们称赞日本风景如何美丽的时候，他就意味深长地说："好是好的，但不是我们的了。"从这句话看来，他是如何的热爱他的祖国，如何的对美帝占领区的军事基地怀抱深忧，从而彻悟解救日本，除了中日友好，寄希望于这一前途之外没有更好的方法。因而我想：这七十多岁饱经沧桑的老人，有资产阶级的两面性，可能在日军占领中国时他发展得强一点依向日军，而当日本人民受美帝国主义压迫的时候，就倾向于反对侵略的一面，也许是其积累痛苦的经验，带着一支手杖回去所深思熟虑的吧！如此，惟愿他最后的一页，如我所想的，作为中国朋友所希望于一个日本人的光辉的一页，永远存在，以及将这光辉永远扩展开去！

十、向往苏联

苏联，人类伟大的心脏，世界革命的堡垒．指引着人民走向自由、光明、友爱、团结的人类大家庭的旗帜，照耀着二十世纪开辟出科学技术的高度智慧的贡献的灯塔，招引着每个善良的人们像万壑朝宗的向往，不是偶然的。

鲁迅和我们全家，就曾经想着前去，幻想着去了以后的生活状况是：鲁迅是应苏联作家协会的邀请而去的，在那里必然有许多交流文学创作的机会，还有许多新鲜事物需要了解，有些已然了解的还需要印证，旧俄文学和新俄之间的关系，柯罗连柯和托尔斯泰的作品和高尔基、费定等的分别在哪里？革命在文学上的影响，其通过作品而得到教育的真相是怎么样的等等，都是鲁迅渴欲得到的学习机会。因此，我们估计：如果鲁迅去到苏联，就光是文学范围就够他忙得不可开交。如果还有其他活动就更不得了，所以，我们又打算，去一次是不容易的，至少住他两年。那时我们已有了一个小孩，怎么办？我们考虑到把他送到托儿所里去，得到新的良好的教育。如果真能做到的话，我想到今天，我们的小孩将是身体和思想都更加健康了。因为没有去成，直到十多年的长远岁月，他还活在旧中国，随着我们的生活而遭受压迫。这是后话，且慢说他。回到去苏联之后，鲁迅别有忙碌，小孩又有寄托的地方，那么我干什么呢？听杨之华大姐介绍说：苏联的工厂分工细，学习技术短期间就可以学会。可就想，那么，这时我就到工厂去学它一两年，等到鲁迅回中国时再离开。那时孩子就放在那面学习，不要他急忙回来了。我们的美梦一直谈说着，描绘着一切即将到来的美好的，由我们得到去苏联的机会而画出的，异乎寻常的画景。

后来，又听说路上不好走，可能先由鲁迅一个人去，那就一个人去吧，服从工作需要，也只好如此。我就忙着给鲁迅预制冬衣，据说那面天气很冷，室外温度极低。但秋白同志又描绘出一幅冬景图，说一片白雪的郊外，空气如何清新，有病的人吸着也觉舒服。这是从秋白同志的肺病直觉而来的，秋白同志也热爱苏联，苏联什么从他眼里看来都像白璧一样完好。

我赶制了一套灰绿色的粗绒线内衣裤，又织了一双长过膝盖的黑中带暗红色的毛绒袜以壮行色。这是在炎热的夏天捧着厚厚的绒线赶制起来的。

在1932年的9月11日，鲁迅给曹靖华同志一封信里这样写着："今年正月间炮火下及逃难的生活，似乎费了我精力不少，上月竟患了神经痛，右足发肿如天泡疮，医至现在，总算渐渐的好了起来，而进步甚慢，此大半亦年龄之故，没有法子。倘须旅行，则为期已近，届时能否成行，遂成了问题了。"

同一个年、月、日，鲁迅写给萧三同志的信也是表示用尽一切方法，要达到去苏联的目的，而且即使要走水路也在所不惜："这回的旅行，我本决改为一个人走，但上月底竟生病了，是右足的神经痛，赶紧医治，现在总算已在好了起来，但好得很慢，据医生说年纪大而身体不好之故。所以能否来得及，殊不可知，因为现在是不能走陆路了。坐船较慢，非赶早动身不可。至于旅费，我倒有法办的。"

寄给他们的信说"总算渐渐的好了起来"和"总算已在好了起来",其实还不是真个好了起来的。从日记里得知,1932 年 8 月 28 日记着"上午因三日前觉右腿麻痹,继而发疹,遂赴篠崎医院乞诊。医云是轻症神经痛,而胃殊不佳,授药四日量"起,至 31 日医又断为带状匍行疹,服药并加以注射,一直到 10 月 28 日才停诊。计自 8 月 25 日至病愈共费去足足两个月,所以 9 月间给曹、萧信时,其时未愈而作就好起来的打算、准备,是一心希望倘有机会,仍愿扶病前往的。

10 月底病刚刚好了,到 11 月初,接北京母亲的病讯,又立刻束装北上了。这是 1932 年 11 月 13 日下午抵达北京,同月 28 日下午就离开北京的。这不平凡的一次到京,是在日本帝国主义霸占了我国东北,并且酝酿移师关内的民族危机最严重的时候,北京人民从卧轨请愿到更深入尖刻的斗争中,革命者的鲜血,流洒在天桥,左联成员,牺牲在当地。无疑此时此地以左联盟首的鲁迅到了北京,是要使叭儿狗竖起耳朵,跃跃欲攫取目的物的。敌人既剑拔弩张,战士们更加奋勇坚强。据陆万美同志《追记鲁迅先生"北平五讲"前后》的回忆:"这几次的演讲,对于当时日本帝国主义已近迫榆关,锐利的刺刀尖已冰冷地刺在胸口的华北人民说来,确实起了重大的教育作用。很多中间的和落后的人们,从此都有所惊醒和转变。对当时的'北平左联',也明确了方向,开始纠正关门主义的错误倾向,紧接着展开了一个紧张活跃的新的斗争时期。"难怪,第一个奴性十足,对日本侵略者献策,主张"先征服中国民族的心"的洋狗胡适要对鲁迅十分惧怕,说他是"卷土重来"了。

鲁迅蔑视狗们的疯狂,与北京的地下党,党所领导的左翼文化团体紧密联合在一起,安然地活动着,参加了大小的集会和个人的接触，掌握了群众的思想动态，揭穿了敌人的阴谋，射出了无比威力的簇矢，击中了汉奸卖国贼的要害。敌人利用"官方"的面目，写好了逮捕公文，27日是星期，不办公，所以公文还差盖一"官印"，而28日上午鲁迅还在中国大学讲演，至少他今天还不至于走吧，敌人这样猜想。就在这间不容发的紧要关头，鲁迅当天下午就搭车离开了他所酷爱的北京和可依恋的群众。他走了，从此永不再来了，敌人的逮捕公文白白预备了。事后，一位深知内幕的朋友如此这般的向鲁迅报告这次大战役胜利的经过。

这些胜利的果实，人民斗争的英勇事迹，文化战线的伟大成就，若能带到苏联，带到"国际革命作家联盟"，让全世界的进步人类得知中国人民的不屈服的情况够多么需要！因为党的组织"接到苏联高尔基底邀请，希望他去莫斯科参加筹备着要召开的苏联作家代表大会（当时，罗曼·罗兰、巴比塞、萧伯纳等也在被邀请之列），并在苏联住一个较长的时期，好休养休养身体并从事写作。这实际是代表了整个苏联共产党和苏联人民，对于先生的热诚关怀和无限敬意的"。就"极为慎重地为先生的出国订了计划，做了具体的布置；预备先北上到北京，然后设法去日本，再转道海参崴去莫斯科"，"可惜由于国民党反动派的法西斯统治和对先生的严密监视，后来不能实现。"（以上引文均见陆万美《追记鲁迅先生"北平五讲"前后》），这次在北京一共逗留了十五天就又重回到了南方的上海。

在同年的12月12日，鲁迅在多方设法未能冲破内外的困难去苏联之后，写给曹靖华的一封信中很委婉地无可奈何地吐露自己的不得已的心情："我的游历，时候已过，事实上也不可能，自然只好作罢了。"

中国人民的期望，苏联人民的友谊招手，每年五一节和十月革命节都是一个机会，使鲁迅的心怦然而动，使党的关切费尽心机。

后来听说鲁迅身体不好，苏联朋友又多方设法通过来人带到口讯，请鲁迅去苏联休养，这种邀请经常不断直至他逝世之前。有一次（我现在已经记不起时间了），我从内山书店转的一批来信中带来了香港国民党方面的陈某的信，是比较具体的说，请鲁迅立即携眷到港，然后转去苏联，一切手续，可以到港再办。姑无论写信人是好意恶意，是真意假意，就凭他自己是国民党方面的人，是鲁迅深恶痛绝其措施的，而一旦在这方面庇护之下得以达到去苏目的，纵云革命权宜，但以鲁迅绝不通融的铁的意志之下又何能做到？而且又未得到党的指示，万一轻举妄动，铸成大错，则悔将何及！鲁迅于是等闲置之，销毁了事。

鲁迅逝世后，有一些好心肠的人而不了解以上种种困难情况，几经党的领导布置，周密计划尚不能达到去苏目的，因而苦闷了鲁迅不少心情的"游历"的这件事情，曾经惋惜过鲁迅的身体健康，若能得到去苏联休养，对他的创作生活，对他去苏后取宝归来的传达，对中国人民的影响，是会留给我们更灿烂辉煌的，人民所需要的东西的。

这个旅行，关系太大了。在鲁迅逝世快二十年的某一个冬天，人民革命胜利了好几年的一次西伯利亚长途火车上，我见到一位不大出面的党的负责人，问起鲁迅为什么没有到苏联去，我把如上的情况介绍给他，他才了解这一件事情的详细情形。革命胜利了，许多人都很便利地到过苏联了，这就不由得会使人想起鲁迅如果也去过苏联，那该是多么好呀！就是我这么一个人，解放后脚踏过伟大的黑土，亲自共享过苏联人民胜利的欢乐节日的感情激动的场合，也不下七八次了，每次目睹有不同情况的推进一步的顽强不屈的英雄气概的成就时，就在这欢愉的时刻，不由我不想起：可惜鲁迅没有同来观看！这缺陷，今天无数英雄、模范填补了这空虚，回来建树起伟大的、超凡的、赶上前去的画不完的美好前景，不只是"传达"，而是"实践"了。列宁主义的思想、行动，得到中国毛主席辩证地安排起来，中苏伟大的前景，永恒友谊，我们做到前人所没有做到的事业！

十一、瞿秋白与鲁迅

时间一久了就遗忘了月日，不记得是春末还是夏初光景，真算得是天朗气清，惠风和畅，人们游兴正浓的某一天，那是 1932 年了，通过一个人的介绍：说有一位为了革命过着隐居生活的人，想乘此大好时光，出来游耍一下，见见太阳，但苦于没有适当的地方。问起来，才知道是"没有见面的时候就这样亲密的人"（正如瞿秋白写给鲁迅信中所说的一样）——瞿秋白同志，就约定于某日来我家盘桓一整天。

这一天天气特别和煦，似乎天也不负好心人似的，阳光斜射到东窗上的大清早，介绍人就陪同三位稀有的、初次到来的客人莅临了我们的住处。那三人除了秋白同志之外还有杨之华同志和房东谢澹如先生。

我们虽则住在北四川路底的电车头停车终点的一个公寓里，离此不远正对着虹口公园。但在三楼上，四周都是外国人住着，比较寂静的，正适宜于我们迎接这样一位革命者的所在。

鲁迅对这一位稀客，款待之如久别重逢般有似许多话要说，又似对待亲人般的至亲相见（白区对党内的人都认是亲人看待），不须拘礼的样子。总之，有谁看到过从外面携回几尾鱼儿，忽然放到水池中见了水的洋洋得意之状仿佛相似。他们本来就欢喜新生一代的，又兼看到在旁才学会走路不久的婴儿，更加一时满室皆春似的生气活泼，平添了会见的斗趣场面。

我是依稀如见故人般对秋白同志似曾相识的。回忆起来时间也许太久了，那还是在女师大做学生的时候，大约那时秋白同志刚刚从苏联回来了，女师大请他来讲演的。那时我还是初到学校不久，听讲时的内容全不记得了，总之是关于对新社会苏联报道方面的吧！为什么说似曾相识呢？就是从前见到的是留长头发、长面孔，讲演起来头发掉下来了就往上一扬的神气还深深记得。那时是一位英气勃勃的青年时代的煽动家的模样，而1932年见到的却是剃光了头，圆面孔，沉着稳重，表示出深思熟虑，炉火纯青了的一位百炼成钢的战士，我几乎认不出来了。

那天谈得很畅快。只见鲁迅和秋白同志从日常生活、战争带来的不安定（经过"一·二八"上海战事之后不久）、彼此的遭遇，到文学战线上的情况，都一个接一个地滔滔不绝，无话不谈，生怕时光过去太快了似的；又像小海婴见到杨妈妈，立即把自己的玩具献出似的；但鲁迅献出的却是他的著作，两两不同，心情却是一样的。

为了高兴这一次的会见，虽然秋白同志身体欠佳也破例小饮些酒，下午彼此也放弃了午睡。还有许多说不完的话待交换倾谈呢！总之，夜幕催人，没奈何只得分散而别了。

从此天壤间除各自工作外，更是两地一线牵（共同的革命意志和情感），海内存知己，神交胜比邻了。在文化界，革命战线上相互支援，共同切磋，建立起革命的友谊，而一以党的领导为准绳，为依归。鲁迅得到秋白同志之助，如同得到党给与力量，精神益加奋发百倍，勇往前进了。

秋白同志精俄、英文，对中国旧文学也素有根底，新思潮（马列主义理论）又充实了他的新文学，所以思想透辟，为当时不可多得的杰出人物。鲁迅平夙就是尊敬有才能的人，何况更加是党的领导人。这回相见，又岂肯轻易放过。双方各有怀抱，都感觉到初次见面还有什么未尽之言似的，要求再一次的相见。

终于，打破了障碍，在同年9月1日那天，也是早上，我们带着孩子去拜访了他们，就是紫霞路谢澹如先生的家内的一个三楼上。这是第二次的见面了，秋白同志悠闲地坐在他的书桌旁边，看到我们来时就无限喜悦地表示欢迎。他的书桌是特制的西式木桌，里面有书架可以放文件，下面抽斗也一样，只要把书桌上面的软木板拖下来，就可以像盒子一样连抽斗也给锁起。据他说：这样一走开，写不完的文件只要一拉下木板就不会被别人乱翻了。做革命工作的人，这种桌子是比较方便的。后来他去苏区时就把这桌子搬到我们住的大陆新村里，至今还保存在原处，这是后话。当时他就在桌子里拿出他研究中国语言文字问题的纸张，指出里面有关语文改革的文字发音问题来，向客人讨论。并因我是广东人，他找出几个字特意令我发音。他就是这样随时随地不会忘记活资料的寻找的，这又可见他平日留心研究，不错过任何机会，谦虚地、忠诚地丰富自己写作的范围，订正自己的看法，从任何一个人身上也不会放过机会。就这样，这天上午谈话主题就放在他所写的文字方案的改革上了。后来又几经改动，誊抄完整，这些资料到离开上海时，就成为他比较完妥的遗著了。这些遗著，他临行前交给鲁迅一份，鲁迅妥慎保存于离寓所不远的旧狄思威路专藏存书的颇为秘密的——连鲁迅的存书和柔石等革命遗著一起——存在这里的一个书箱内安放着。到鲁迅逝世后，这些存书全部搬到淮海中路淮海坊内。日军占领上海，侵入我家搜查时，感谢一位女工，她对敌人用了瞒和骗，向日本宪兵队说：三楼是租给别人了，这才没有去搜查，才得以保存下来，得以完成多时埋藏，至此如释重负地交还，以作革命遗物的珍宝，实当感谢这位工人阶级的觉悟性的。

秋白同志在鲁迅寓里避难过三次。两次在北四川路底的公寓里，一次在大陆新村。第一次是在 1932 年 11 月，日期记不清了。只记得鲁迅这时正好因母亲生病回到北京去，是我接待他们的。我还记得：他和杨大姐晚间到来的时候，我因鲁迅不在家，就把我们睡的双人床让出，请他们在鲁迅写作兼卧室的一间朝北大房间住下。查鲁迅日记，是 11 月 11 日动身往北京，同月 30 日回到上海。那么秋白同志来了几天才见到鲁迅回归，则大约是在 11 月下旬来的了。在这期间，和我们一起，我们简单的家庭平添了一股振奋人心的革命鼓舞力量，是非常之幸运的。加以秋白同志的博学、广游，谈助之资真不少。这时看到他们谈不完的，像展示电影胶片的无休止的丰富资料，实在融洽之极。更加以鲁迅对党的关怀，对马列主义的从理论到实际的体会，平时书本看到的，现时可以尽量倾倒于秋白之前而无须保留了，这是极其难得的机会。一旦给予鲁迅以满足的心情，其感动快慰可知！对文化界的愚昧，黑暗的国民党反动力量，对"九一八"东北沦亡的哀愁，这时也都在日夕相见中交换意见了许多。此时更进一步有似古话的"猩猩惜猩猩"地成为密切的，在党领导下的通过秋白同志同是资产阶级出身而又背叛了这个阶级的"贰臣"，成为为党尽其忠诚的知己了。更有杨大姐干革命工作、团结群众的精神，表现在对女工、小孩都乐意和她亲近，无丝毫客气接待生人之感的亲如一家人的相处，我更其是学习到许多说不尽的道理了。

他们是干革命工作的，一刻也不能耽误。在离去之前，曾经有这些东西留着痕迹给我们：

一、1932 年 12 月 7 日曾给鲁迅写过：

雪意凄其心惘然，江南旧梦已如烟。

天寒沽酒长安市，犹折梅花伴醉眠。

他在诗后说明是青年时代带有颓唐气息的旧体诗。以他后来的积极进行革命工作，无疑是否定了前期思想的不正确的部分的。但我们若从"雪意凄其"句不仍是对此时此地遭遇压迫写照？末句"犹折梅花"则梅开十月，已属小阳春，也即"冬天来了，春天还会迟吗"的意思。仍然描写其心怀浩荡坚决不移的意志，这是秋白同志毕生抱负都是这样的，我们不必以作者自谦，即相信其确属"颓唐"也。

二、同年 12 月 9 日，曾以高价托人向大公司买了一盒玩具送给我们的孩子，在《鲁迅日记》是这样写的："下午维宁及其夫人赠海婴积铁成象玩具一合。"当时他们并不宽裕，鲁迅收下深致不安。但体会到他们爱护儿童，培植科学建筑知识给儿童的好意，秋白同志在盒盖上又写明某个零件有几件，共几种等等，都很详尽。又料到自己随时会有不测，说"留个纪念，让他大起来也知道有个何先生"（何先生是他来我家的称呼的话）。可惜几经变乱、搬动，这盒盖已遗失，零件还有若干存在上海纪念馆，作为秋白同志们预想到革命胜利后技术的需要，从小孩时期就应给以技术知识的教育深意的珍贵纪念品，来体会其精神耳。

至多到年末之前，他们就离去了，因为我的印象没有留他们度岁的记忆。当中曾经有过几次人来向秋白同志接洽，但总是让他们自己见面，在一个房间里，我们从未打听过曾经来的是什么人。只记得曾来过一个牧师，并托鲁迅替买字典，就照办了。解放后，我见到一些负责同志时，他们说曾到过我们家里，是为秋白同志去的，这才知道是他来过了。许多党内同志也说见过鲁迅，或说到过我家。

但那时是铁的纪律要紧，我们从不问人姓名和地址。知道问是不妥当的，因此至今对人的姓名、地址最记不住，一时改不过来了。

第二次避难是在1933年2月间，从谢澹如先生家里来的。这里也有两件事可记：

一、2月10日，《鲁迅日记》有如下记录：

"上午复靖华信，附文它笺。"这说明鲁迅写回信给靖华同志时，秋白夫妇适在旁边得有方便，附笺寄出。

二、2月17日，亦从《鲁迅日记》中记着：

"午后汽车赍蔡先生信来，即乘车赴宋庆龄夫人宅午餐，同席为萧伯纳、伊（？）、斯沫特列女士、杨杏佛、林语堂、蔡先生、孙夫人共七人，饭毕，照相二枚。……傍晚归。"

归来已傍晚，但刚好秋白夫妇住在这里，难免不把当时情况复述一番。从谈话中鲁迅和秋白同志就觉得：萧到中国来，别的人一概谢绝，见到的人不多，仅这几个人。他们痛感中国报刊报道太慢，萧又离去太快，可能转瞬即把这伟大讽刺作家来华情况从报刊上消失了。为此，最好有人收集当天报刊的捧与骂，冷与热各方态度剪辑下来，出成一书，以见同是一人，各立场不同则好坏随之而异的写照一番，对出版事业也可以刺激一下。说到这里，兴趣也起来了，当时就有人说：何不我们亲手来搞一下？于是由我跑到北四川路一带，各大小报摊都细细搜罗一番，当时的报纸果然各式各样的论调不一而足。于是由鲁迅和秋白同志交换了意见，把需要的当即圈定；由杨大姐和我共同剪贴下来，再由他们安排妥帖，连夜编辑，鲁迅写序，用洛文署名，就在2月里交野草书屋出版，即市面所见《萧伯纳在上海》是也。这书创纪录地迅速编、排、校对，以至成书，都可以说一"快"字，也代表了革命者的精神，更开辟了众人合作做一件书业的良好先例。这是我们从秋白夫妇的工作作风上得到的。

这回住了不久，2月底就又走了。但敌人追踪甚紧，秋白同志担任的工作又相当重要，为敌所忌。似乎在短短期间，就搬移了好几个地方。每一搬迁，就什么也不能带走，鲁迅送给秋白同志的许多书都留下了。在我家临行时送杨之华的棉旗袍也丢掉了，但革命精神和意志却是永远也丢不掉的，这就是革命者的顽强性！在鲁迅方面也常常替他们焦急起来，往往为之寝食不安，自己在3月1日的日记里写着："同内山夫人往东照里看屋"，3日又"午后往东照里看屋"，这"屋"似乎是日本人租住的，所以要内山夫人陪去看，他分出余屋租给中国人，而这人就是秋白同志他们。这比夹住在中国人堆里问长问短，查职业，看家底好得多了，鲁迅也为此稍稍放心了，因此满意地租下来。到3月6日的日记里，鲁迅写着："下午访维宁，以堇花壹盆赠其夫人"是含有祝贺新居之意的。为什么送堇花呢？这堇花又是什么样的呢？连我也记不起来了。只记得堇花大约是日本有的，是3日内山夫人送来，鲁迅以之"借花敬佛"的。

　　大凡意气相投的人，见面总不嫌多，路远也觉得近了，真可谓"天涯若比邻。"而这回秋白夫妇搬到同属北四川路底的东照里，相隔不远，许多日常生活之需就由我效劳，而鲁迅也早晚过从甚密。他们房里布置得俨然家庭模样，鲁迅写的对联也挂起来了。到4月11日，鲁迅的家搬到大陆新村之后，就过往更其频繁，有时夜间秋白同志也来倾谈一番。老实说，我们感觉到少不了这样的朋友，这样的具有正义感的，具有真理的光芒照射着人们的人，我们时刻也不能离开。有时晚间附近面包店烤好热烘烘的面包时，我们往往趁热送去，借此亲炙一番，看到他们平安无事了，这一天也就睡得更香甜安稳似的了。

　　从3月5日的《王道诗话》起，秋白同志因一时的较安定的小康生活，创作就更施展得丰盛了。计：

110

3 月 7 日《伸冤》

3 月 9 日《曲的解放》

3 月 14 日《迎头经》

3 月 22 日《出卖灵魂的秘诀》

3 月 30 日《最艺术的国家》

4 月 11 日《关于女人》

4 月 11 日《真假堂·吉诃德》

4 月 11 日《内外》

4 月 11 日《透底》

4 月 24 日《大观园的人才》

以上是用鲁迅名义发表的秋白同志写的文章，从日期看，如果没有充沛的文学休养和高度的理论水平，哪能在短短的期间，有如是的丰富而充实的文字见之于世，尤其后几篇同一时间写的，为革命文学的威力增加不少深入人心的力量呢？

秋白同志是这样创作的：在他和鲁迅见面的时候，就把他所想到的腹稿讲出来，经过一度交换意见了，就修改或补充或变换内容，然后由他执笔写出。他下笔很迅速，住在我们家里时，每午饭后至二三时为休息时间，我们为了他身体的健康，都不去打扰他。到时候了，有时他自己开门出来，这时往往就笑吟吟地带着牺牲午睡写好的短文一二篇，给鲁迅看了，鲁迅看后，无限惊叹于他的文情并茂的新作。而他所率领大家跟着党走的强烈的政治思想，又是那么义正辞严地寒敌人之胆。只要一看到他在 1933 年骂那些卖国贼汉奸如汪精卫、胡适等辈是多么一针见血，击中敌人的要害，就知道秋白同志是运用革命理论作预言的确凿不疑了。

第三次秋白夫妇来避难是在搬出东照里之后的 1933 年 7 月下半月，机关被敌人发觉，在深夜约二时左右，我们连鲁迅在内都睡下了。忽然听到前面大门（向来出入走后门）不平常的声音敲打得急而且响，必定有什么事情发生了。鲁迅要去开门，我拦阻他，以为如果是敌人来抓人，我也可先抵挡一阵。后来听声音晓得是秋白同志，夹着个小衣包走进门来。刚刚不久，敲后门的声音又迅速而急迫地送到耳里，我们想，这却糟了，莫非是敌人追踪而来？还是由我下楼去探动静，这回却是杨大姐带着一个十三四岁的小姑娘一同进来，原来是一片虚惊。但东邻住着的日人家内和西邻住着在巡捕房工作的白俄都开窗探望这不寻常的奇遇，而我们代秋白夫妇担心也不是偶然的了。

革命贡献一切，连自己的生命在内，之外没有任何要求。而白色恐怖弥漫空际，被破获的事件有时日有数起。网越撒得宽广，钻网的办法也就越多、且密。就这样地互相斗法，最后胜利属于我们。然而略微的牺牲些人和物，是在所难免的，不然怎叫革命！这个道理，秋白同志是处之泰然的。当其住在东照里亭子间里，过着起码的生活，而又支撑着病体工作的时候，就连不用钱买来的太阳光也照不到，这对肺病是不利的。杨大姐对革命、对同志的关怀，不由己地就非常热望他能有机会见到阳光，在我们面前也暗示过要他多来玩，我们当然欢迎。但秋白同志却很泰然地解释：只要想一想革命者随时有入狱的可能，那时什么也不能做，更不用说见到阳光了。住在外面，无论如何总比在里面（入狱）强百倍不止的，这样就在亭子间也心平气和了。这是多么伟大的忠诚于革命，不知有己的崇高品德呀！我们深深体会到他的精神，向他学习。然而作为鲁迅个人所能做到的，对革命知己的关怀和友谊，仅只能拼命设法给他介绍出书，冀于物质上有所帮助，从而对病体增加营养，更其对革命有大贡献，但还是遭到现代书局第三种人杜衡的扣压，致《高尔基论文集》终于赎出后才能出版，这里看到中国旧时代的作家说些人民要听的话时，如果不是自己又要经营出版事业，就永远遭受呕气，鲁迅们就是如此度着最黑暗的时日。

1934年1月初，秋白同志离开上海去江西中央革命根据地。临行前曾到鲁迅寓所叙别。这一次，鲁迅特别表示惜别怀念之情，表现于他自动向我提出让出床铺给秋白同志睡，自己宁可在地板上临时搭个睡铺，这在资产阶级社会生活的人是想不到，做不出的。鲁迅以无产阶级思想，体贴对同志的爱，出于至诚做到了。走后常常挂念着党的胜利，秋白同志的工作顺利。突然接到一封从福建来信，是秋白同志被敌人捉去了，起先他冒为医生，能遮瞒一阵子，他写信来要接济，要保释，终于被敌人识破了，他就毫不掩饰地正面渺视敌人，以致遇害。那时鲁迅从收到信，设法营救，以及知道被害的消息时，他长期被悲哀所痛苦着，连执笔写作也振作不起来了。

到1935年夏间，瞿秋白同志在福建被捕的消息传到之后，鲁迅就替他设法营救，甚至筹集资金接济狱中需要，但不久得到噩耗，使鲁迅极其悲痛地向人说：作者"已经并不急于要钱"。这就是最后一次鲁迅未能完成为知己服务的一次。

人们因为是鲁迅怀念秋白同志的牺牲于反动势力之手，托内山先生去日本印出《海上述林》以及为这书付出了辛勤劳力而对鲁迅的友谊也给予崇高的估价。其实是不止鲁迅一人的。噩耗传来不久，几个秋白同志的友好就暗地里集合到郑振铎先生家里，哀悼这位杰出的不屈的英勇战士的惨遭牺牲！当时商议给他出书，传布、教育人民，以扩大革命影响。大家集款，负担排印到制纸板的经费，印刷、纸张费用由鲁迅收尾，其中编、校等琐碎工作亦鲁迅经手，故有许多向朋友述说排印慢的书信（当时决定由开明排印的）。但又想到：创作方面含有思想性政治性的，一时收集未必全，而且更须尊重党的决定，所以就暂定先出翻译。《鲁迅书简》内给曹白信说得很清楚："《述林》是纪念的意义居多，所以竭立保存原样，译名不加统一，原文也不注了，有些错处，我也并不改正——让将来中国的公谟（康谟尼斯，即共产主义）学院来办吧。"

这种态度，在信里充分显示出对党的尊重，对革命的尊重，对为革命而牺牲者的尊重。一切由"将来中国的公谟学院来办"，不敢印创作，就是先印翻译也不加改变，把决定的"权"归给党，是战士听命于领导的态度，哪怕是小小的改动也不例外。读到这里，充分觉得鲁迅遵照会议决定绝对相信党，肯定党的必然在不远的将来，即鲁迅逝世后十三周年获得胜利！一切交给党，听命于党，这就是非党的布尔塞维克的鲁迅教给后人他们所应该做的。

十二、党的一名小兵

　　反动的军阀统治，篡夺了旧民主的孙中山先生的辛亥革命。在北洋军阀制造下的"三一八"惨案并继之而起的五十人的黑名单使鲁迅觉得北京的无可为而走出了。但寄希望于革命的心情仍不泯灭，又转而寄希望于对北伐军的胜利。在厦门一有消息，即欣然写信告诉朋友们，怀着这样的心情到了广州，但"四一五"广州的大屠杀比北京还残酷，遇害的有为青年、革命工作者几于满仓满谷，塞满了戏院、机关。鲁迅震动之极，对残暴者正面作了斗争，向中山大学的拘捕学生再一次抗议无效，以致拂袖而去。几经困难转移到了上海，是 1927 年末的事了。

　　上海是每个革命者的洪炉，在这里冶炼；也是革命领导者的集合场所，在这里指挥教导一切革命工作者们。鲁迅，在大革命后来到了上海，觉得前此的看法、态度都错了。这时他有了突变，从量变到质变。一切从阶级的立场、观点出发，就看问题也容易迎刃而解了。于是他否定了进化论的偏颇，投入了阶级论的洪炉去锻炼自己，去向革命队伍中当个小兵。

　　由于旧中国的时代环境，迫使鲁迅每事必先审慎再三，必须了解透彻，才敢加入战斗。所以粗看起来反应似乎迟钝，但既然加入，则成败利钝，危害生命，都不之顾，一以直道进行了。这是他以之教育青年，亦以之身体力行的。以前的对女师大事件以及"三一八"惨案如此，以后的对反动国民党的抗击运动及左联前后的态度也如此。真所谓猛虎出柙（这里借喻他自己起先的审慎态度的决定后），勇不可当了。

这时他除了得暇即阅读马列主义、辩证唯物论等书籍以武装自己，更以马克思读本教育他人。复积极参加团体活动，从理论到实践，完全成一个彻底的马克思主义化的以党的领导为依归的绝对坚守着"惟新兴的无产者才有将来"的信念的执行者。

党教育了他，领导着他，不断的党的领导人物和他见面，指导他的工作，细致地，正确的事例摆在他面前，白色的恐怖对党人加害更多，越引起鲁迅的愤火燃烧越炽烈。他控诉：向中国人民，向国外同情者。每一次压迫越猖狂，他的斗争就越猛烈。

鲁迅写出了《黑暗中国的文艺界的现状》到国外去，说明出版界在反动压力之下"还是不能不设种种方法，加入几篇比较的急进的作品去"，但鲁迅指出这只是"专卖空杯，这生意决难久长"。又说明人民是欢迎左翼作品的，因为"左翼文艺有革命的读者大众支持，'将来'正属于这一面"。

1931年2月7日柔石等人在上海龙华警备司令部被秘密枪决后，鲁迅又写了一篇《中国无产阶级革命文学和前驱的血》的文章介绍到国外去，以"证明他们是在灭亡中的黑暗的动物，一面也在证实中国无产阶级革命阵营的力量"。

还有一篇名《写于深夜里》的，其中记载着"一封真实的信"，是写白色恐怖对待一个十八岁的青年给他徒刑二年六个月，和他所看到狱中惨苦形状。这是实事，出在杭州美术学校里，鲁迅把他作小说童话像故事般记录出来，而又以真实的信作结束。实即代表千千万万被捕者的真象，都如此儿戏地放入人罪的，这篇文章也介绍到国外去了。鲁迅因此感慨地说："他们越想秘密起来，我的文章却走到国外，越不给他秘密！"

鲁迅在白色恐怖下的上海，极度黑暗的环境里，写出这样的文章不是好玩的，当有一次史沫特莱女士拿着这样的文章要帮他向外投稿时，对鲁迅说："这样子发出去是会对你不利的。"当时鲁迅就回答她："管他呢？中国总得有人出来说话才对！"这回答，不啻千万重量的义无反顾。对为着中国革命而英勇牺牲的人的控诉，是不能缄默的。一个人死了，千万个人起来，用文艺工作者不怕死的精神，报道反动者的狰狞面目，公开的、大无畏的这样做了。当时鲁迅在党领导下，执行党的精神，向敌人投下了一颗无烟炸弹，使他们的天下得不到太平，这是党的胜利，是无产阶级向敌人示威的胜利！

就在这样的时候，鲁迅也没有忘记向家庭做统战工作。他每当要发表这样的文章的时候，就以征求意见的口吻出之，但又表示其大义凛然的态度向我说："这时候总得有人出来说话。"我明白这话的后面包含着万一出了事故会送命的意义，但我们不是早已决定？如柔石被捕时，鲁迅写给朋友的信中所说的"倘举朝文武，仍不相容，会当相偕泛海，或相率而授命耳"（见 1931 年 2 月 18 日致李秉中信）。这明明是鲁迅已深知我意，绝不会反对他的意见的，而还是如此照顾到别人的意见，尊重每个人的自决，这态度加倍见出革命者的虚怀若谷而又对敌决不容情。

鲁迅有时也曾想到扩大统战面，他曾提到：如果自己一到上海时不那么骤然的加入左联，稍稍隐晦些，可以做更多的团结各方面的工作。但现在既然是这样了，也就只好照着这样做就是了，这里他绝没有为自己打算的意思，纯然从工作效果上着想。我们只要从他对朋友的通信看就知道，不惜直白说出自己是"仍为左翼作家联盟之一员"（见 1931 年 2 月 4 日致李秉中信）。在行文中也不少见到，《二心集》更公开表明"对于左翼作家联盟的意见"，又在《两地书》序言里表明自己"我现在是左翼作家联盟中之一人"，这无异于在大路上标明牌号："姜太公在此"，但等的下文意思是见者"百无禁忌"，而鲁迅的标明是"左翼作家联盟之一员"，则无异有可能招杀身之祸，聪明人断断不肯做的，而鲁迅独乃无所惧怕于其间，其可算是"泰山石敢当"了。

鲁迅为何具有如此胆量，敢于蔑视敌人到如此程度？是因为他相信党的存在，相信青年们，一切不甘做亡国奴的革命事业的人们都跟着中国共产党走，都确信这条光明的康庄大道的必然到来，必会胜利，像执着红旗奔赴前线占领敌人阵地时一样，一个人倒下了，马上会有人接上来的。

冯雪峰早些时期站在党的立场来和鲁迅接近，《萌芽》《十字街头》《巴尔底山》等刊物都有鲁迅执笔写的文章。因来往多了，就有些直言无隐之处。他不止一次劝鲁迅"不要使自己变小了"。意思是要鲁迅丢开身边琐事，或讨论个人得失。而鲁迅自己则以为这确也是坏处："然而我的坏处，是在论时事不留面子，砭锢弊常取类型，而后者尤与时宜不合。"（见《伪自由书前记》）他是因现实的事例与社会有关而说的，把自己"变小"了是从没有计及的。但因雪峰的身份是代表党与鲁迅接近的，所以他的话鲁迅也深深表示接受，因此他常常说："雪峰的话是对的。"鲁迅是以党的身份看待他的，所以也无条件地接受他的意见。而鲁迅自己，确也承认："而且我时时说些自己的事情，怎样地在'碰壁'，怎样地在做蜗牛，好像全世界的苦恼，萃于一身，在替大众受罪似的：也正是中产的智识阶级分子的坏脾气。"（见《二心集序言》）

在冯雪峰眼里看鲁迅常常为着一些事情苦恼自己，而提醒鲁迅"不要使自己变小了"，如果站在党的立场是好意，站在鲁迅自己的角度也是应该照这样接受的，所以鲁迅对冯是以他站在党的立场看问题的。但瞿秋白同志看待这一问题又是另一种看法了："现在的读者往往以为《华盖集》正续编里的杂感，不过是攻击个人的文章，或者有些青年已经不大知道'陈西滢'等类人物的履历，所以不觉得很大的兴趣。其实，不但'陈西滢'，就是'章士钊（孤桐）'等类的姓名，在鲁迅的杂感里，简直可以当做普通名词读，就是认做社会上的某种类型。……揭穿这些卑劣、懦怯、无耻、虚伪而又残酷的刽子手和奴才的假面具，是战斗之中不可少的阵线。"（《鲁迅杂感选集》序言）

这里瞿秋白同志的看法，如果我体会得不错，是不是就和雪峰的意见相反呢？是不是这仅只是作为雪峰个人的意见而提出，但鲁迅却是严肃地接受呢？以我的水平，不能判定，只是作为回忆起来提出罢了。

但这问题也颇关重要，因鲁迅许多杂文，往往是一时、一事、一人的，被鲁迅遇到了，有时虽小也可见大，所以立刻抓住不放松，作为教材而昭示给大家来看，其分析解剖是否错误，关系不浅的。鲁迅曾说过："世上是仿佛没有所谓闲事的，有人来管，便都和自己有点关系；即便是爱人类，也因为自己是人。"瞿秋白同志常常体会到这一层，深知把个别的事件，作为典型例子，作为对立面的例子来教育群众是必要的，是"战斗之中不可少的阵线"，是与鲁迅当时的思想符合的。

鲁迅对敌人的大无畏的精神，把自己的生死置之度外的精神是足以寒敌人之胆而令人敬畏的。可是在与我一同到街道上去的时候，就常常令我苦恼不安。他每每逼令我走到对街的人行道去，而不肯和我并排在一起，以便出起事来我可以避免危险，这可见敌人放出空气说要"就地处置"他是安然处之的了。却令我更觉得在徘徊不前也不好，硬是违背他意思也不好的情况下心情起伏着走去。

他铁的纪律又非常严格的执行。他曾作暗示给我，说："有些事情，就是连夫妻之间也不必过问的。"我遵照这纪律行事，对朋友来信如果不是得到他的许可，就是到了我手里也从不打开来看的，每于写完回信就要拿去烧掉的信件我也是这样原封不动地烧掉。……

鲁迅相信党，依靠党的事实是很多的。首先，苏联的成就，伟大地为人类树立崇高的榜样。十月革命一声炮响，把陈旧腐朽的沙皇统治推翻了，人民得到自由，各项建设也跟着进行了。经过各国的围攻，无效；经过德苏战争，敌人侵占大部土地，仍然击退侵略者，使希特勒一败涂地，鲁迅是看到了。

再从文艺上来了解苏联，则鲁迅的感受更深。在作品上，他翻译的《十月》《毁灭》以及别人翻译的新俄文学，从他的每种译品的序言里，就可见他对这方面的熟识、了解程度是多么深，多么热诚推重。又从1932年写的《祝中俄文字之交》里他说："那时（19世纪末）就看见了俄国文学。"他很有理由地说："那时就知道了俄国文学是我们的导师和朋友。因为从那里看见了被压迫者的善良的灵魂、酸辛、挣扎；还和四十年代的作品一同烧起希望，和六十年代的作品一同感到悲哀。我们岂不知道那时的大俄罗斯帝国也正在侵略中国，然而从文学里明白了一件大事，是世界上有两种人：压迫者和被压迫者！"鲁迅是这样推崇俄国文学的，是从俄国文学明白了世界上有两种人的。称赞了一通俄国文学之后，从此看到鲁迅对苏联文学的向往之深。

他曾在家庭生活中，每一谈到苏联，即极口称道。无论音乐、美术尤其木刻。当1936年他参观了苏联版画展览会之后，记述他的印象是用歌颂般的词句说出他心坎里的话的："单就版画而论，使我们看起来，它不像法国木刻的多为纤美，也不像德国木刻的多为豪放；然而它真挚、却非固执，美丽、却非淫艳，愉快、却非狂欢，有力、却非粗暴；但又不是静止的，它令人觉得一种震动——这震动，恰如用坚实的步法，一步一步，踏着坚实的广大的黑土进向建设的路的大队友军的足音。"在这里看到伟大的水栅建设，精致的建筑构图。"都在向我们说明通力合作，进向平和的建设的道路。""全体的要点：'一般的社会主义的内容和对于现实主义的根本努力。'"（以上引文均见《记苏联展览会》）无一不是他以之学习的楷模而珍视的。当他大病的时候，在病榻旁抚摩玩赏的，也还是最后一批寄来的小幅木刻图，其中复色印制的精美人像含有高度艺术的尤其被他称赏，这里不知安慰过多少次鲁迅病中的心灵。

苏联也晓得鲁迅对他们木刻的重视，当其在上海开展览会时，知道鲁迅不便公开走出来，曾托人致意，可以特在晚间为他开放去参观。鲁迅不愿为他个人麻烦，就在白天去了，后来展览完了，苏联特赠大幅原拓木刻七幅给他，后又出苏联木刻选集以纪念这次的展出，鲁迅扶病为之作序。

总之，凡苏联所作所为，许多都是中国人值得学习和歌颂的，尤其马列主义的教育，鲁迅掌握了他来分析自己、改变自己、武装自己，更以这理论融汇于工作和文化斗争上，鲁迅也是其中之一人。

记得还在鲁迅大病之前，似乎距大病一年多的时候，上海苏联大使馆有一个招待晚会，到的人不多，外宾有史沫特莱女士，中国有宋庆龄、鲁迅等人，宴会间还放送中国的渔光曲。那天因为没有更多的人需要应酬，所以大家很畅快地谈话。出入是要经过国民党特务暗中的侦察的，所以大使馆周围去的人也倍加小心，我们的车子是从旁门进去的。宴后闲谈期间，史沫特莱女士特别赞成苏联的邀请鲁迅去苏休养，并且补充说：鲁迅身体不好，极需易地疗养一阵。鲁迅那时还没有生病，自己倒奇怪别人为什么那样觉得他不行了。照中国当时情况，白色恐怖如此厉害，许多人都打入地下，开不了口，鲁迅虽然也一样写了文章无处发表，然而他还可以运用各种化名，利用明的暗的出版，在向敌人展开斗争。越是人手少了，越觉自己责任的重大，这时的鲁迅，首先考虑是他的呼声能否传出，能否从文字上表达出党的意见、党的指示精神。这是他当务之急，他时刻不能离开这个工作岗位，纵然谈话时苏联朋友如何殷切邀请，史沫特莱女士如何从旁劝说，终于被鲁迅婉言推却了，这是最直接的一次邀请，也是最后一次的邀请。

苏联十月革命胜利鼓舞了鲁迅，"惟新兴的无产者才有将来"，这是鲁迅看到事实存在的苏联告诉中国人的话。而中国人民的优秀领袖毛泽东主席和他的许多英勇战士就是执行了苏联十月革命的继续，在中国找出适合于国情的措施，发展、生根、发芽、滋长起来的。毫无疑问，鲁迅就以崇信苏联的一切，更加确信中国共产党和党的领导人带领中国人走向光辉大路了。

二万五千里长征是世界的创举，比铁流还艰苦得多。鲁迅这样地告诉我们，表示他对长征的数不尽的惊人成就，尤其听到一点一滴，都想写出来，又恨自己知道得太少。后来听到朋友说：有一位红军的司令员因伤在上海疗养，就约在某一天见面了。那一天并不太冷，但我们是躲在厨房内烧起火锅迎接亲人的。那人就是后来知道的陈赓将军。他描绘了红军长征的路线简图来说明事实，他报道了不屈的英雄们经历过的千山万水，克服过无数困难的神奇事迹，令鲁迅听之不厌，还想有机会再继续一次。最近得机会见到陈将军，他说："当时见了一面就又被捕了，所以没有再见。"

另一个亲人的到来也使鲁迅欢喜不止。有一天，他回到家里来瞒不住的喜悦，总是挂上眉梢，我忍不住问个究竟。他说："见到了成仿吾，从外表到内里都成了铁打似的一块，好极了。"我才知道他欢喜的原因所在。到了前不久，我有机会见到仿吾同志，问起他是否记得在鲁迅逝世前到过上海，他说："是的，并且通过鲁迅和党接上关系，这情况我已经在回延安时报告了中央的。"以前，成仿吾和鲁迅之间有过文字的争执，几乎是众所皆知的了。但由于党领导下的一致，思想、政见的一致，把他们两人的意见也一致起来了。这时看到鲁迅毫无芥蒂地接待了亲人的情况，是知有人说鲁迅是如何记恨于一个人、一件事的无稽，除非那人和事妨害到国家民族利益，就永不可能团结一致了，这是铁的原则。

　　再就是和瞿秋白同志的交往，那个时间更久，相知更深的，我已经另有一段回忆，这里就不多谈了。他不但关心能见到的同志，就是远在苏区延安的，也一样使他怀念不止。曾经盛传过一个故事：就是鲁迅托人带了两只火腿到延安，给党中央和毛主席各位领袖。那火腿是带去了。听说到了西安，再也不能通过了，只好在西安的同志代表食了，但一剖割开来，里面却还有书信。下文如何，就到此为止了。带东西的不容易，鲁迅是晓得的，然而听到那时就是盐的运输，被敌封锁，也不是易事，往往以棉袄浸泡在浓盐水中，俟干了再穿在身上带进去的，如果能带到火腿，够多么妙呀！就希望在幻想之下变成现实，也不枉丹心一片吧！从这里可以说明鲁迅对党中央、对毛主席和各领袖是多么爱戴与关怀，尽可能的从这里表白出鲁迅的心意。

　　在党领导下有名的三个盟，就是1930年的中国自由运动大同盟和中国左翼作家联盟及稍后些于1933年成立的中国民权保障同盟，这三个盟，鲁迅都参加了。自由大同盟是中国共产党所发动组织的纯粹政治性的战斗团体，纲领是反对帝国主义和反对国民党反动统治、争取人民的言论、出版等自由。鲁迅在当时阶级斗争最剧烈的时候，以鲜明的政治态度出席了2月25日秘密召开的成立大会，在大会上第一个发言，和作发起人并发表宣言，公开刊于当时日报上。目前还可查看到的是这宣言，还刊在1930年3月出版之《萌芽》月刊上。继之而起的是1930年3月在艺术大学成立的中国左翼作家联盟。这个团体虽遭迫压，甚至后来有人被捕入狱，刊物被禁，仍不断继续工作，为党培养了不少新生力量。鲁迅为常务委员之一，他始终以公开面目出现，以顽强不屈态度宣传新社会的理想和建立新的文艺理论，这方面给敌人的损害是不少的。人们因为对解放区的封锁，对党中央的指示，在白区得不到消息，青年们就从左翼作品来窥测气候，以作指南，可说鲁迅在这方面努力也不少。

白色恐怖有加无已，人民的爱国民主运动受到严厉的镇压。在杀人如草不闻声的时候，以宋庆龄夫人为首的中国民权保障同盟会在1933年1月宣告成立，鲁迅参加了干事会会议。每次开会鲁迅都必定出席，到了极紧张的时候，仅有五六人的会鲁迅也去了。最好也是最早的测验谁缺席呢？就是去了台湾、长住美国的林语堂。这时候他就在革命的行列里自行退缩起来了，后来连史沫特莱女士去拜访他，也被推出门外了。真是一叶知秋，无怪其然的。

从到上海起，鲁迅在1926年就参加了中国共产党所发起组织的中国济难会以及1932年抗议日本帝国主义侵略中国的"一·二八"事件的"上海文化界告世界书"，和1932年12月"中国作家为中苏复交到苏联政府电"，和1933年8月的"欢迎反战大会国际代表宣言"，及"庆祝中国工农红军长征胜利"，以及向德国大使馆递抗议书反对希特勒等的活动，鲁迅都踊跃参加。这时表示出他的认识明确而坚定，没有丝毫退缩与反顾于其间，一心一意，唯认准革命的目标前进不止。不惜擂起战鼓，自己和其他战士同其步伐前进，走向革命胜利的前夜。

十三、为革命文化事业而奋斗

鲁迅毕生为革命文化事业而奋斗，最后十年在上海，尤其放射出光辉的文化异彩。因为这时已经有了党的领导，方向更加明确；加以自己又不断的努力，学习并掌握了马列主义的理论，来运用到中国新文学上，向敌人冲锋陷阵，所向披靡。观其对第三种人的略论与对杨邨人的讨论，和《伪自由书》与《准风月谈》的后记所说的事实，鲁迅就是那么利用剪贴作总结，再用简炼的几笔，就画出一些鬼魂魔影来了。这是在党领导下的胜利，敌人无可奈何的降伏！

这时与鲁迅有关系的书店有：

北新（青光）　生活　光华　生生　新生　群众　合众　联华（兴中、同文）　神州　天马　湖风　春潮　大江　文化生活　水沫

以上各书店，有关系较久的北新；有后起而出书较多的文化生活社（《故事新编》《俄罗斯童话》《死魂灵》《死魂灵百图》），有专印别家不肯出版的禁书的联华书局（《花边文学》《小彼得》《坏孩子和别的奇闻》等），它有时又改名同文（《南腔北调集》）、兴中（《准风月谈》），它没有一定门市，负责人原是北新小职工费慎祥，请求鲁迅帮助出书维持家庭的，鲁迅就把写好的几种书交给他印行、

批发、出售的。《毁灭》则为被神州国光社列为十种理论丛书之一的，毁约之后，鲁迅愤而以三闲书屋名义印出，大部分归光华书店发售的。大概在上海的北新，后来已经与流氓、特务结成一伙，重用李志云、丁默邨，大捧钮惕生，乱登淋病广告，另设伪国旗商店，已经与新书业绝缘，唯以广印活页文选为营利，以剥削作家为能事！实已无可救药之极了。它一面仍用鲁迅做幌子，以青光书局名义出了《两地书》《伪自由书》《鲁迅杂感选集》，一面又给鲁迅难堪："话不算数，寄信不回答，愈来愈其。"（见 1929 年 8 月 17 日鲁迅致章廷谦信）在外看见鲁迅为避暗害，看病多坐汽车，又使人扬言："鲁迅出入坐汽车，你看他多么有钱！"以为自己赖付版税卸责。其实就是鲁迅找了律师"给他们开了一点玩笑"（见 1929 年 8 月 17 日致章廷谦信）也是算不清的。在上海出的鲁迅著作后来是领印花去贴，在外地就简直不贴印花，这情况鲁迅是晓得而未予追问的。北新为了和开明书店抢生意，拉拢林语堂的英语读本而大出，他的侄子林惠祥写的文学史粗制滥造曾引起鲁迅反感。鲁迅曾表示，北新如果为政治问题而关门，也是光荣的。事实却相反，北新倒行逆施，甘与敌伪为伍，已自绝于文化界。鲁迅除把一些书交由各书店出版外，又由联华书局出书，目的全因为革命文学不被敌人扼杀而特行印出的。只要印得出，在读者中间得到传布起来，即算是对敌人示威的目的达到了。故由费慎祥出的书，从未结算过版税，甚或自己贴出纸张、印刷费亦所甘愿。这里看出鲁迅为文化事业而艰苦奋斗，不顾一切，凡有路可通，能抗击敌人的都用尽心思去对付了。

反动的杂志报刊虽有，向左翼进攻的压力也不少。但党的领导始终卓立，大家看到光明的前途有所遵循而快慰。出版的杂志报纸，每于压力稍松，即又纷纷的组织起来，而鲁迅在上海时期与之有关系的杂志报刊就有近五十多种：

文艺新闻　前哨杂文　文学导报　文史　美国新群众杂志　芒种　文学月报　漫画生活　夜莺　读书生活　作家等　戏周刊　中流　国际文学　文学丛报　现实文学　文学季刊　文学界　世界文化　文地月刊

　　他初到上海，以《奔流》花的力量为最多，每月一期，从编辑、校对以至自己翻译、写编校后记、介绍插画或亲自跑制版型，及与投稿者写回信，代索稿费，退稿等等的事务工作，都由他一人亲力亲为，目的无非是为了他要把外来的血液灌输到旧中国去，希望从翻译里补充点新鲜力量。这就用去了一个月的三分之二的时间，其余为各刊物写文章，总觉时间有限。同时他也不排斥创作，白薇女士的《打出了幽灵塔》的长篇诗篇，鲁迅就分期给予刊载。这里鲁迅是费点心思的，为读者与作者设想。他曾说："这样长诗，是要编排得好，穿插得合适，才会有人看的，所以每期的编排就很费斟酌。"这是他同情一个作家，自己奋斗出来，就不惜极力援助她了。又听到杨骚提及她有病，需要医治。但她性情倔强，如果她知道有人帮助，是会拒绝的。鲁迅除尽力替她刊登稿件外，又自己筹一笔款，托杨骚转致，鲁迅再没有向任何外人提起此事，乃遵照杨的话，使一个作家可以安心养病。而鲁迅又同情杨为朋友的热心，他有时就开玩笑地说："我编排他们的稿件，不是杨骚在前，白薇在后，就是白薇在前，杨骚在后。"殊不料转瞬杨骚就把鲁迅借款给白薇医病的事向林语堂的侄儿，也是杨的好朋友说了，林到鲁迅处也要借一笔同样数目的款子。慢说那时鲁迅没有许多款可借，就是有何心借与林的侄儿？林语堂离开厦门大学时，就向学校索取了两年的退职巨款才走的，后来到上海住大洋房。他侄儿不向林要款而向鲁迅要，这合情理吗？鲁迅未答应他，结果他和杨骚都怪起鲁迅来了。以前杨骚来请教日文翻译事，每来既耽搁多半天，费了鲁迅光阴不少的，从来往中知道鲁迅要翻译《十月》，他就赶忙抢先译出，以制鲁迅死命，其心狠毒，但鲁迅不管他，自己仍译出《十月》来。这之后就绝迹不来，而且碰面也似路人相遇了。

朝花社的搞起来，是从厦门大学来的一位王方仁（笔名梅川）要求住在鲁迅附近，可以常常讨教便利。因之，鲁迅住在景云里时他就搬来在附近住一间亭子间内，后来又添了崔真吾，再加进柔石。早晚食饭相遇。闲谈到有意译书自行印出的事，鲁迅仍本着以前扶助未名社的态度，替王方仁介绍《红的笑》，鲁迅并有一篇《关于〈关于红笑〉》的文字登在《小说月报》，为梅川（即方仁）辩解，替崔真吾校订《忘川之水》等，无非为了帮助青年文化事业。又同意出《朝花旬刊》，出了几本近代世界短篇小说集：《奇剑及其他》等，又印出几本木刻选集，名《艺苑朝华》，是从鲁迅藏的版画编印出来，给木刻界有所参考的。但王方仁以有哥哥在上海四马路开教育用品社的方便为词，请求由他社买纸张及代为销售。这个建议众人以为是合理的，有内行人便利了许多。于是王、崔、柔石三人连鲁迅四人共同投资，每人一股，鲁迅除借垫柔石，自任一股外，后来又自动加一股，无非增大出书能力，算是用我的名义，合起来是鲁迅担任五分之三。但所用的纸，王方仁是向拍卖行廉价买来水渍过的画图画用纸，其实是不合于印木刻图用的，油墨也是用廉价的，印出来不是相得益彰，而是一块块、一堆堆的不见线条的画，就相形见绌了。但这里却看到柔石的高贵品质，在书与木刻画据说都收不回本钱而且还要赔一笔款去的时候，看到他毫无怨言，除了出书时的自任校对，奔走接洽都任劳任怨之外，这时又拼命译作，以期偿还欠款，到宣告失败了，还又向鲁迅借垫付出。但柔石是忠厚的，还不相信鲁迅说的"人心惟危"（见《为了忘却的记念》），而王方仁则奔走城乡之间，为建立祠堂，大忙特忙，看不到他搞出书事业。在一次见到鲁迅家中有蔡元培在座，即抓住机会，要鲁迅代向蔡请求为祠堂题字，把朝花社的事全置之脑后了。朝花社散开后，王方仁从德国洗个澡转回来，教育用品社更昌盛了，还听他向人说是鲁迅误会了他呢。可惜柔石忠心耿耿为这幻灭了的一个小小的文化事业用尽了一大把力，难道这也是误会的吗？幸而鲁迅的率直的《为了忘却的记念》给柔石留下了真材实料，给市侩们千秋万世无所遁形。

柔石为人诚实质朴，从不多言。每次相见，都是与鲁迅谈创作、文学方面的事。看到《艺苑朝华》要印木刻，他也写信到英国木刻家那里，寄去中国木刻信笺之类，后来又换回些木刻画，似乎转赠给了鲁迅作印书资料了。

另一个青年和王方仁他们住在景云里一起的是韩侍桁。提起这人要倒叙一笔。他是日本留学生，在留日时曾投稿到《语丝》来而和鲁迅有书信来往，便算认识了。鲁迅有一次回北京去，他就寄来一张当票，叫鲁迅到京替他赎出送到他家里去，这种与人方便鲁迅原本乐意做的，就照办了。后来又写信来，要在北京谋事，嘱鲁迅设法。鲁迅想，自己只认识学界中人，就托马幼渔先生代为设法教书的职务吧！已经颇有眉目了的时候，北京其时胡适、周作人辈颇得势，问知是鲁迅的关系来的，眼看这事就吹了，韩侍桁未得做成教员，回来上海找到了鲁迅，见柔石、冯雪峰都住在景云里，和鲁迅接近，而又都是左联人物，不知怎的侍桁也"左"起来了。但左联人物并不能升官发财，此路不通！就摇身一变，往右转了。想着鲁迅既不能利用，骂鲁迅或可以有用吧！于是跑到南京，与他们三个好友在一起，自己躲在背后，叫他的好友先骂鲁迅。如此这般，鲁迅岂有不知之理？在《伪自由书》后记里就顺手刺了韩侍桁一下："时代的巨轮，真是能够这么冷酷地将人们碾碎的。但也幸而有这一碾，因为韩侍桁先生倒因此从这位'小将'的腔子里看见了'良心'了。"这不就够画出韩侍桁的嘴脸了吗？

革命越受迫压，作家的革命文学越受摧残，邮局看到红色封面的《呐喊》，也不问内容是否有关而一律禁止。报刊、杂志，狗们一嗅到就辨别出，由异常的敏锐感觉，于是而通风报信，摇尾报功。鲁迅是不管这一套的，反而在他自己的杂文集里揭发这些人的嘴脸，不遗余力，以掊击敌人，维护无产阶级文化事业的向前发展。敌人无能，其实是低能的，例如《申报》的《自由谈》取消了黎烈文的编辑，调换一个老编辑张梓生先生，他们还以为能弹冠相庆，可以高枕无忧了。殊不知张与鲁迅也是老相识，更重要的是读者爱读这些有辣椒味的痛陈时弊的文字，这是时代推移，人心归向，没法阻挡得住的。所以鲁迅在党领导下能进行一切活动，是与群众联系在一起，与群众生活在一条根上，连老人如张梓生也团结在一起，斩也斩不断，其故在此。

因此之故，当时稍稍有一言半语替群众说话，代表了群众呼声的，有时明虽遭禁，暗则好销，商店柜台下另藏有左翼出版物，没收一批又有一批，禁无法禁，真所谓野火烧不尽，春风吹又生。

其实鲁迅是好相与的。看他热心出版事业，帮助文化界的识与不识的人，凡是损己而利众的事，他都勇于承当的，他念兹在兹的就是为革命文化事业而努力奋斗。合乎这条件的是友，反乎此的是敌，这界限还不够分明么？

然而扩大革命影响，增强战斗力量，从文学战线上寻找生人是急需的，所以不管任何挫折，仍不能减弱他在青年身上寻觅新生力量的热情。这是要费许多时间与精力的，但这方面鲁迅情愿破费时间与精力。

还是从《为了忘却的记念》说起吧，一个毫不相识的青年，看他有志于译匈牙利诗人的诗，就不惜把自己酷爱的藏在身边三十年不易得来的书赠给了白莽了，其鼓励译作的精神，昭然若揭。

另一个在邮局工作的青年孙用，译了一本《勇敢的约翰》，寄到鲁迅手里，他阅后马上写回信，称赞他："译文极好，可以诵读"，但又怕介绍到杂志上不便利，就想替他设法印单行本，但鲁迅还须向书店接洽，于是作家也常常受制于书店了。这样的情况是常常有的，在解放前。鲁迅就为着介绍一本《勇敢的约翰》，歌颂匈牙利人民的英勇性格，就从1929年11月6日起，1931年11月18日止，共费时间两年，才把这件事告一段落。其中经过，有鲁迅与孙用来信二十一封；与书局或有关人的接洽书信十二封，接洽五次，又鲁迅自己为《勇敢的约翰》制图而亲自跑制版所一次；编校算得出的五次。最后得到湖风书店给予出版了，其中甘苦，鲁迅给孙用的书信中可知大概。现在介绍信中一二，以便读者明了鲁迅替群众服务的不辞劳瘁的精神，而出版界的难于应付亦可见一般了。

《鲁迅书简》复孙用信第十：

11月27日信，早到。《英雄的约翰》世界语译本及原译者照相，已于大前天挂号寄上，想已收到了。译本因为当初想用在《奔流》上，将图制版，已经拆开：这是很对不起的。

接到另外的十二张图画后，我想，个人的力量是不能印刷的了，于是拿到小说月报社去，想他们仍用三色版每期印四张，并登译文，将来我们借他的版，印单行本一千部。昨天去等回信，不料竟大打官话，说要放在他们那里，等他们什么时候用才可以——这就是用不用不一定的意思。

上海是势利之区，请先生恕我直言："孙用"这一个名字，现在注意的人还不多。Petöfi和我，又正是倒楣的时候（我是左翼作家联盟中之一人，现在很受压迫，所以先生此后来信，可写"……转周豫才收"较妥）。译文的好不好，是第二个问题，第一个问题是印出来时髦不时髦。

不过三色板即使无法，单色板总有法子想的，所以我一定可以于明年春天，将它印出。

这是鲁迅从一位邮务员的译诗，引起喜悦其译作之优良，又由诗找出插图，就想图文并茂地印将出来，而制图费又太大，自己负担有为难，因而煞费苦心地想借大出版商之力的办法，先印出来。但这办法也落空了，终于大碰钉子。

到了次年，即1931年的10月6日，鲁迅退而向小书店设法出书，日记是这样写着的："午后寄孙用信，并代湖风书店预付《勇敢的约翰》版税七十。得湖风书店信并校稿。"

复孙用信十三：

惠函并印花一千枚，早已收到。诗集尚在排印，未校完。中国的做事，真是慢极，倘印 Zola（左拉）全集，恐怕要费一百年。

这回印诗，图十三张系我印与，制版连印各一千张共用钱二百三十元，印字及纸张由湖风书店承认，大约需二百元上下，定价七角，批发七折，作将来全数可以收回计，当得四百九十元。书店为装饰面子起见，愿意初版不赚钱，但先生初版版税，只好奉百分之十，实在微乎其微了。而且以现在出版界现状观之，再版怕也不易，所以这一本翻译，几乎是等于牺牲。

版税此地向例是卖后再算，但中秋前他们已还我制版费一部分，所以就作为先生版税，提前寄上……

从这里可以看出，鲁迅为一个不相识者服务的情况。好不容易算是卖面子才找到一家小书店给印了，自己又垫付出二百三十元制版费，连奔走劳力不计，待书店付还鲁迅制版费的一部分，鲁迅就急急又先垫付给作者的版税了。这种丢开自己，首先为他们设想，在旧道德是为人谋而忠，在新道德是社会主义风格，鲁迅可谓兼而有之也无愧了。从这书的校后记里，我们看到鲁迅为孙用奔走劳力的痕迹之一般，亦见当时即名为大作家如鲁迅，也和小作家一般命运，这就是因为政治的迫压之故。其原文如下：

> 这本译稿的到我手头，已经足有一年半了，……计划印单行本没有成，便想陆续登在《奔流》上，介绍给中国，一面写信给译者，问他可能访到美丽的插图。……
>
> 然而那时《奔流》又已经为了莫名其妙的缘故而停刊，以为倘使这书从此湮没，万分可惜，自己既无力印行，便介绍到小说月报社去，然而似要非要，又送到学生杂志社去，却是简直不要，于是满身晦气，怅然归来，伴着我枯坐，跟着我流离，一直到现在。但是，无论怎样碰钉子，这诗歌和图画，却还是好的……（见《集外集拾遗》）

这本小书如果是不碰到鲁迅，大约未必在中国会有和读者见面的机会的。虽然当时印得不多，而且我们手头也找不到一本了，但总算给中匈友谊留下一个纪念，也是想不到的吧！这就是"好事之徒"的鲁迅，无时无刻不在文化界找寻出版物的好处，为作家，为出版事业，这种精神是可宝贵的，尤其在反动统治大加扑灭文化的时候。

我们那时家里用了一个善良而又纯朴的老女工。凡工人有错误，鲁迅是不加呵斥的，而况她对孩子很慈祥，令人想起长妈妈来。鲁迅要孩子叫她姆妈，从不肯直呼其名的。每逢我们走向饭厅吃饭的时候，她就来到鲁迅写作兼卧室的一间大房间里，做清洁工作或带小孩在这里玩耍。有一天，我们吃完饭回到屋里一看，她和孩子玩得正欢，在朝马路的三层楼阳台上和孩子一页页的在吹纸片，说是放鸢。孩子看到纸张飞舞，忽上忽下，高兴极了，总是要求再来一个。在欢笑之下我们来了，不看犹可，一看，却是鲁迅书架内的一本书被撕去了大半本作蝴蝶或纸鸢飞去了，连忙拦阻，才把后小半本收回。因为她是文盲，不懂得鲁迅视书如命的脾气，又图博得小孩欢喜，就什么也不管了，但鲁迅体谅她，没有加以责备，只戒以后不可再做了。另一次来打扫房间，鲁迅写开的稿子来不及收起就去吃饭了，她老人家大约是擦桌子吧，顺手把稿子四五页扫到地下，也就当作废物扫掉了。回到房间，鲁迅一看：稿子为什么不见了？追问起来，才知是当废物扫掉，倒在放垃圾的大漏斗去了（上海公寓后面，常有大漏斗流下垃圾去，以省人力为垃圾奔跑）。我赶忙跑到楼下打开垃圾的门，幸好还没有别人倒下污湿东西，就拾了回来，鲁迅只得笑笑叹息了事。1931年的某一天，东邻人搬走了，她照往常习惯仍然领着孩子去玩，回来手内带着一本人家遗下不要的破书，给小孩玩，鲁迅接过来一看，那精美的莱勒孚五十多幅插图和原作者马克·吐温迷住了鲁迅，爱不释手地翻了又翻的看个不完。后来又托人翻译了全书。那就是《夏娃日记》，译者李兰先生在鲁迅逝世的时候，写了一篇追忆文字，记《中译〈夏娃日记〉的来历》，文末有这样几句话：

天底下的奇事尽多，我敢说谁都想不到《夏娃日记》在中国的出版，竟有过这样的一段奇特而光荣的来历。这本书最初打动鲁迅先生的心的，是莱勒孚（Lester Ralph）的那五十五幅插图，等到文字翻译了出来时，鲁迅先生好像对于原作者马克·吐温的那种幽默笔调也很赏识似的，只看他在书首用唐丰瑜的笔名所写的小引就可明白。

从这一点小事，我们可以看出：鲁迅先生的心神无时无刻不是放在艺术与真理的努力之上的。倘使有好的环境，他是会干出更多更伟大的事来的。

可惜事隔多年，书局也早已倒闭，《夏娃日记》在中国又已绝版了 [1]。不然，听说今年世界名人纪念中还有马克·吐温这个有名的幽默作家。他原是一个领港，在发表作品的时候，便取量水时所喊的讹音，用作了笔名的一位美国有名的作家。我们在纪念他的时候能把这份作品拿出来纪念这一位领港者有多美呀！但可惜是已经绝版了。鲁迅随时随地抓住机会为文化事业添一好的出版物的苦心，从李兰先生所提到的"好的环境"正是我们今天所处的，我们就不必从"破书"中找资料，有更多更好的译品出来了！

鲁迅对作家的同情心是很大的，除了上面说过关心白薇的病体外，《自由谈》他写作之多，固然为了向不合理的时代的政治环境作战斗。另一个小原因是在 1932 年的时候，经过郁达夫的介绍：

"他告诉我说，《自由谈》的编辑新换了黎烈文先生了，但他才

---

　　[1] 许广平后来做过"一个小小的更正"：《鲁迅回忆录》出版以后，我陆续接到不少同志来信，告诉我那本《夏娃日记》在解放后的新中国还曾出版，甚至有热情寄书给我的。北京地质学院有一位同学说："我深深感到我们这一代年青人的幸福。在解放了的中国读这本书是多么不容易呀！"这幸福的消息感染了我，而且补救了我以前只听说该书不再印行但又未经调查研究所致的一个错误，从这里可以看见读者是多么严肃和关怀于作者的每一个记述。在此，我特为更正，并向关心此事的同志们表示感谢！许广平 1963.6.18.

从法国回来，人地生疏，怕一时集不起稿子，要我去投几回稿。

……

"不久，听到一个传闻，说《自由谈》的编辑者为了忙于事务，连他夫人的临蓐也不暇照管，送在医院里，她独自死掉了。几天之后，我偶然在《自由谈》里看见一篇文章，其中说的事每日使婴儿看看遗照，给他知道曾有这样一个孕育了他的母亲。我立刻省悟了这就是黎烈文先生的作品，拿起笔想做一篇反对的文章，因为我向来的意见，是以为倘有慈母，或是幸福，然若生而失母，却也并非完全的不幸，他也许倒成为更加勇猛，更无挂碍的男儿的。但是也没有竟做，改为给《自由谈》的投稿了。"

这是登在《伪自由书·前记》里的。人们知道，鲁迅是很爱他母亲的，当他为柔石被捕事避难的时候写的诗还有"梦里依稀慈母泪"句，可见他说出有母亲则互相"挂碍"，倒觉不能"更加勇猛"了。

为了关心别人，从此鲁迅就不断给《自由谈》投稿，而且心里还怀念着无母的孤儿的寒暖问题，叫我编织毛绒小衣裤给黎的小孩，这可见鲁迅伟大的爱。自从他做了父亲之后，他有时说，我现在才体会到做父亲是怎样的。也就是推己及人的心意，正是同胞物与之情，伟大的革命者，也不过是推这同胞物与之情于人类罢了。

后来鲁迅病得很厉害的时候，黎烈文来看望还提到要编一个刊物名《中流》，不过什么时候出版，首先要得到一篇鲁迅文章才出第一期。这样，鲁迅就扶病于8月23日为"《中流》作小文"一篇，继而于9月5日"为《中流》（二）作杂文"，于9月28日"寄烈文信并稿一篇"，共写了三期，而这8、9月间正是大病稍愈，却仍在病中，不断延医诊治中度日，其实正应休养的。我因家中烦杂，出入人又多，不断有客人来，甚至如黎的索稿，实为刊物读者要看到鲁迅作品而要求，为读者打算是好的，鲁迅也体谅这心情的。但在病人本身看来，就不像个病中需要休养的人了。因此曾请求医生设法让鲁迅住在病院里，或较清静些，但鲁迅却说："住在病院就等于监房了，我不要去。"这也是他的始终为人民服务到最后一天还不肯休息的态度！

鲁迅除努力文化事业，凡有可以尽力之处都用他的力量在总的天秤上加了自己的砝码进去了。例如对朝花社，对各种小书局、书店的协助，都费了不少精力，有些后来也变化了，实在敌不过黑暗的政治压力。惟有提倡木刻，对木刻家们寄予深切期望。鲁迅手里集有初期木刻家的作品为数甚多，几乎各地方的都有，甚或本人因流离不定，把木刻寄给鲁迅存下一份，而鲁迅对木刻家的通信，也可以说直率地说出自己是不会也不懂木刻，尽管如此，还是罄所知以告的。所以他对木刻是热诚拥护。而木刻工作者，也冒了生命危险来保持、发扬木刻事业的。我们只要读到《写于深夜里》（见《且介亭杂文末编》）那十八岁青年的无辜被捕，和仅仅为了查出一个文学家的木刻像就硬诬蔑是"红军军官"，然后一连串的罪状都从"红军军官"生发出去，判处有期徒刑"二年六个月"。后来才查明白，祸根是"学生对于学校有不满之处，尤其是对于训育主任，而他却是国民党省党部的政治情报员。他为了要镇压全体学生的不满，就把仅存的三个木刻研究会会员，抓了去做示威的牺牲了"。这种随意诬陷学生的罪恶，是国民党反动统治的教职员和昏官串通起来做的。不仅人凡君一个人的遭遇，几乎凡搞木刻的都是左倾分子，都该杀似的。我还记得一件事，就是杭州那个美术学校的学生，要出一本关于"一八艺社"展览会的作品，要求鲁迅作序，鲁迅对学生的请求从不拒却的答应了，而且印在画册的前面了。临发行的前夕，给校长看了，大发雷霆，说有鲁迅的序文，不准出。这一命令，就把印好的大画册堆在储藏室，长期过着禁闭生活，不得见天日了。有一位这个学校的学生在鲁迅逝世后，还找到一本未发行的给我做纪念呢。一个学校的校长威严就如此厉害，鲁迅遭殃不要紧，却连累这份刊物出世却是不安的。当时全国各地几乎无木刻界藏身之地！只有被反动派围剿的延安，才真正认识、爱护他们。既然延安爱护他们，反对派就更仇恨他们了，而以杭州美术学校的做法更突出。人凡君的事情出在那个学校。后来"在上海还剩下 M．K．木刻研究社，是一个历史较长的小团体，曾经屡次展览作品，并且将出《木刻画选集》的，可惜今夏（1934 年）又被私怨者告密。社员多遭捕逐，木版也为工部局所没收了"。（见《且介亭杂文》：《〈木刻纪程〉小引》）尽管社员遭捕逐，工具被没收，但工作仍然不断有人继续，诚如鲁迅用"铁木艺术社"的名义做了一篇《〈木刻纪程〉小引》说明木刻工作的大致经历："仗着作者历来的努力和作品的日见其优良，现在不但已得中国读者的同情，并且也渐渐的到了跨出世界上去的第一步。"而且鲁迅还作了预言，坚定的相信，木刻将来有两个发展的前途："采用外国的良规，加以发挥，使我们的作品更加丰满是一条路；择取中国的遗产，融合新机，使将来的作品别开生面也是一条路。"（引文见同上）这两条路，中国木刻界似乎都同时采用于新木刻上了。人们只在翻开《十年来版画选集》或一读李桦和力群两同志写的《建国十年来的版画》和参观了北京或广州、重庆展出，就得大大惊异于它今天的收获，是在党的关怀领导下，像奇花异卉般灿烂地开放起来。而其气魄的雄伟不可一世，则视之欧洲名木刻也不多让。如李桦的《战黄河》以及许多人民生活的描写画幅，正说明今天中国人民英勇奋发，天天创造奇迹的伟大事业的一个缩影，充分表露出在党领导下敢想敢干，克服困难的精神。刘岘的《鸡冠花》与江敉的《晚归》，则是"择取中国的遗产，融合新机"的作品。其他每一幅制作，都具有新意境，新的蓬勃不可遏止的气象突出于画面上。如果不是切实体验在生活上的丰富实感，真正参加到劳动生产上的体验，是很难有此成就的。用《人民日报》11月14日第八版马克同志的简评第四届全国版画展为"阔步前进的版画艺术"，写出这次版画展看到"特别是新画家有大涌现"，说"这次展出的二百九十余件作品，都是各地画家们近一年的新作。……不仅水平整齐，而且作品的质量也有明显的提高。"内容和解放前更有显然的不同，你看他介绍"作品描绘的内容不论是宏伟巨大的水利工程，气势巍峨的钢铁生产，日新月异的城市建设，或是麦浪滚翻歌声遍野的丰收；也不论是祖国大好河山晨昏雨雾和四季变化莫测的美妙，或是自然界奇花丽草的美，等等，无不洋溢着画家对生活的热爱，和艺术上独到的造诣。"也就是鲁迅所叮咛人们的"关心了大众，这是一个新思想（内容），由此而在探求新形式"，也就是鲁迅所说的"生产者的艺术"提高的来说，即无产阶级艺术。而在旧形式中，即鲁迅不断称许的小说传奇插图和连环图画，新年花纸等民间艺术，都属于生产者艺术之列的，这些都是鲁迅提倡、爱护，为了对"消费的艺术"被"有力者的宠爱"实相径庭的。鲁迅对木版艺术等的大力提倡，实亦固其是属于"生产者的艺术"（以上引文见《且介亭杂文》：《论"旧形式的采用"》）。今年四届全国版画展据估计已有二百人参加展览，比之《木刻纪程》时代的寥寥可数的十多人多得多了。更可喜的是"许多工厂、农村、学校和部队的版画作者更是难以数计，其创作风起云涌，形成热潮。"真当得起"猗欤盛哉"四个字了。

回想起木刻界的遭受反动压迫时期，他们不避捕捉丧命之威，仍不忘从事艺术的修养工作，相信革命一定胜利，相信党的领导正确。木刻界同人首先树立了政治挂帅的旗帜、顽强地与敌人作斗争。

近三十年来，几经变乱，压迫禁锢、污蔑凌辱，而木刻界却越战越勇，越锻炼越坚强。以其本身的顽强的"生产者的艺术"的姿态，保持其青春，到今日发扬其美丽。必将在建国十年第四届展出之后更是繁花满枝，果实累累的伟大景况的。因此人民事业既如此的鼓足干劲，力争上游，则生活内容更丰富了创作者的实感，用旧中国的术语对木刻从旧到新来说，亦可谓"枯木逢春"了。而在党的教育栽培下，正是春光无限好，是艺术工作者勤恳的时候了。

鲁迅为革命文化事业而努力的木刻，不过是文化事业中的一翼，即美术事业中的版画艺术的一个小小范围而已，然而因为从事于此的艺术家们首先坚定了政治挂帅方针，所以不管任何横逆之来都能抵抗，既不被"消费者的艺术"所玷污，屹然不为"消费者"的意旨所转变。经得起考验，当然今天在党的总路线、大跃进的鼓舞光辉照耀下，更合理地成长、扩大，更多地为"生产者的艺术"努力了。将来就不只在北京、广州、重庆几处展出，我们还会在工厂、农村、学校、部队等地方出现的。用马克同志"评第四届全国版画展"的话作本章的结束，就是"这样广泛的群众性，是社会主义时代艺术发展的特征，也是版画之所以能不断前进的根本动力"。

十四、与北新书局的关系[1]

作为新文化事业在新潮社时期，也就是正处在北洋军阀下的时期，有一些人，打破岑寂，在文坛上揭发黑暗，大胆地，无拘无束地发言的以《语丝》为首，又以与鲁迅不无关系这一点上，就我的体会来谈谈与北新书局和李小峰等人的来往关系。我只是就鲁迅这个角度来回忆一番这个在当时被看作新文化园地的一角的一点滴，作为个人意见提出罢了！

"小峰这个人胡涂"，"小峰胡涂透顶"，这是鲁迅常常提到李小峰时说的一句评语。鲁迅比较和李小峰多所接触，是在李小峰刚刚毕了业，在中国大学讲课，不受学生欢迎，又没有其他职业，于是在创办《语丝》时李小峰就在新潮社的名义下与孙伏园、章川岛等出版起《语丝》来了。原来至多希望能收回本钱，只印它一千五百份的，却意外销到七八千份，成为当时销路最大，内容最合读者要求的一份刊物，因而远道订阅，先汇下款项的来信如雪片飞来，奠下了物质基础。同人们又不收稿费极力支持，而鲁迅的攻击时弊的

[1] 本章为许广平手稿内容，《鲁迅回忆录》首次出版时未收入，部分内容在前面章节已有提及。

杂文，像匕首利剑一样击中敌人要害，合乎青年们思想苦闷，寻求光明找觅出路时人们心目中具有斗争或鼓舞、反抗性的读物，为继《新青年》后的一个比较不可多得的文化产品。故其推行全国，不胫而走的给人新鲜感也特别明显。尤其读者是在这里首先爱读鲁迅的作品的。从思想性以及行文的体裁、风格，也就是杂文形式的开始，都给人们一种新颖精彩的感觉。鲁迅也不辜负读者的期望，尽可能地拨出时间，提出大众所盼望解答的问题，为《语丝》写文章。这原是为读者设想，却从未料到为《北新》也就此奠基了。那是在1926年鲁迅离去北京以前的情况，又除《语丝》外，当时还有《京报副刊》《莽原》《国民新报副刊》等定期刊物，自然还有单行本，如《热风》《呐喊》《彷徨》等书的陆续出版，为当时文化界增加新的力量，使得北新也因鲁迅等人的写作而树立起新文化的招牌来了。牛耕田，不吃谷；鲁迅写作不计较版税的收获，这就是人所共知的北新与鲁迅的关系。甚至在有些人眼里看到鲁迅对这个文化事业有些偏爱，然而又不明白鲁迅和北新请律师算账是怎么一回事。

1927年10月鲁迅从广州到了上海，看到上海杂志凌乱的插画，就建议《北新》半月刊每期加入"从法国革命后直讲到现在（1927年）"的《近代美术史潮论》（见1927年12月6日致李小峰信）。书中既有插图，系统的介绍了近代美术，又由鲁迅每期"再附译文十叶上下"，使"读者也因此得到有统系的知识"。后来北新照着办了。鲁迅原是珍惜这块新文化招牌，助他做些有益于人的事，又苦心地"可叹可怜"旧中国出版界和读者知识的欠丰富，但也使北新的出版旺盛起来了（以上引文均见同上）。同时又继续了《语丝》在上海的出版。由鲁迅编辑，后又加出一种专以翻译为主的期刊《奔流》，好像鲁迅俨然为北新书局专门卖力工作似的，其实不外是一切为了文化食粮的丰富，为了知识界增添新的因素起见而已。

回想《语丝》自创刊一出，读者纷纷抢购，把原来拟印一千五百的计划打破了，重版连印至七次之多，李小峰等喜出望外。这意外的畅销表现了当时知识分子界的苦恼于时代环境的逼压，一旦有能代表其心声，都极力拥护。因此《语丝》就一帆风顺地突跃前进。而利之所在，却又多不过问。《语丝》除了印些稿纸分发写稿人之外，每月集合有关系的人吃一通馆子，聚谈一下。这种聚会，鲁迅从来不参加的。积存还多，就陆续印了些书。《呐喊》《中国小说史略》等也轰动一时，为读者所爱好或作课本，于是北新书局在翠花胡同挂起招牌来了，这时为文化事业而努力，北新还是单纯的。因此同时反对旧礼教、反封建以至反对帝国主义，自"五四"以来即成为新文化的旗子。李小峰也知道这个招牌响亮，对杂文也知为读者所欢迎。后来与现代派斗争，攻击那批投靠军阀的吧儿狗们，至今读着鲁迅这些当时战斗性的一针见血的文章，后来收在《华盖集正续编》还虎虎有生气，为当时死气沉沉的旧社会投下一颗连珠响炮。为测验读者，最好的评价，周作人的《点滴》销路并不见佳。鲁迅的《呐喊》等书则销路至畅，为了满足读者的要求，北新对鲁迅的出版方针与政治思想就得顺应不违，这时的北新是相当尊重鲁迅的。鲁迅除此达到新文化事业的推广外，也没有更多的要求，所以他的《呐喊》虽然畅销，但在当时卖了以后，鲁迅亦未结算版税，就是明证。

　　这一切由于鲁迅自己对文化活动的看法，始终是不采取靠卖文为生的态度的，始终是自己掌握了主动。如果仅只是依靠卖文过活，则必有所迁就，对书商以营利为目的的投机性要听从。对思想的束缚性也被环境所迫而不能运用自如，独立思考了。所以他对书店的态度，取我行我素的不受牵制态度，如有不同其主张的，宁肯别家出版，或自行印出。其所以开始对北新有几许帮助之意，"我以为我与北新，并非'势利之交'"，又说"但在当初，我非因北新门面大而送稿去，北新也不是因我的书销场好而来要稿的"。（见1933年1月2日鲁迅致李小峰信）但到后来"销场好"了，新文化招牌打出来了，李小峰的店面由个人接近文化而改成家庭商业投机，走反动路线，这时就必然对鲁迅冷淡，甚或恐怕因鲁迅而受政治牵连，于己不利。他的第二个哥哥仲丹插入，在上海也有了分店时，招牌依旧，但已经有了商业化的变色，另搞别的生意。从1927年鲁迅到了上海，看到书店重心南移，住家在新闸路，店面在四马路，小峰一面对鲁迅貌为拖住，以便仍捧住灿烂发亮的新文化招牌，一面任令家庭圈子扩大，以做伪县长的大哥李志云和其妻妹等辈操纵其间。以出版事业为博利工具，每遇外地订购书信到来，大家抢着窥视有无汇票在内，谁抢到手，谁就先得，店事、业务、出版计划、一切措施，无不从这方面着想，诚腐败透顶，把崭新的一个新文化招牌毁坏于俄顷。就连招来的驸马，也并不高明，主张"顺而不信"的那位赵老爷，早已在文坛上腾笑众口，而北新的出版路线，也早已变质变态。只求有利可图，不问张三李四：先出《性史》，后卖《情书》，鲁迅《教授杂咏四首》，咏北新关系的占了一半，鲁迅的慨叹，实亦情见乎词了。

鲁迅在上海的工作大部分编辑、写作、出书，1927年计给北新出了《唐宋传奇集》，编《语丝》《野草》，1928年在北新出了《思想、山水、人物》《而已集》，为《北新》半月刊每月译《近代美术史潮论》，编《奔流》，差不多整个工作重心都放在这里了。但从北新的对待鲁迅态度是怎样的呢？看看鲁迅给白莽的信："《奔流》登载的稿件，是有稿费的，但我只担任编辑《奔流》，将所用稿子的字数和作者住址，开给北新，嘱其致送。然而北新办事胡涂，常常拖欠，我去函催，还是无结果，这时时使我很为难。……至于编辑部的事，我不知谁在办理，所以无从去问，李小峰是有两月没见面了，不知道他在忙什么。"这是1929年6月25日写给白莽的信，到同年8月17日鲁迅等待到忍无可忍，恼起火来，写给矛尘的信里有如下的话："老版（板）原在上海，但说话不算数，寄信不回答，愈来愈甚。我熬得很久了，前天乃请了一位律师，给他们开了一点玩笑，也许并不算小，后事如何，此刻也难说。老版今天来访我，然已无及，因为我的箭已经射出了。"

鲁迅是个热情而认真负责的人，对于期刊的约稿，是一个个字负责看的，尤其像《奔流》那样全部是译稿，就必得对照原文来看，有时投稿者虽是名人，他也必找出原书校对一过，有的译品也犯了顺而不信的时候，他就毫不客气地给予改正，或托人查书对照，对自己要求如此不含糊，对别人至少也希望认真对待这一工作才是。而李小峰的办北新出版事业，却对鲁迅"说话不算数，寄信不回答"，这种态度，慢说对鲁迅不应该，就是通过鲁迅对一群辛苦工作的青年投稿者们也显得傲慢不合情理，迫得鲁迅难以继续进行工作！所以借算版税请个律师"开了一点玩笑"，看他能装死不能？因此也知道北新另有意图的乱花钱向政治做活动，在鲁迅的确是开玩笑出之的，当时还有郁达夫、章川岛两位先生从中调解，还容许北新分期清算版税，其实印过多少书，版税实有几多，鲁迅一向并不知道，当时没有作者印证为凭。自请过律师之后，北新印书每次来向鲁迅请领版税证，亦仅限于上海范围，寄到外埠的，我们就经过熟人转告过并没有贴上印证。鲁迅也明明知道这些情况，但是他并没有向这方面计较，可见其意不在此了。他倒认为政治压迫愈甚，他的书能销售愈多，对敌人就是一个胜利。

但北新的惟利是图的算盘，是从不为正确的政治影响、青年获益着想，所以对鲁迅的著作亦有限度的。《二心集》的有关政治性、斗争性强的书，固然不肯出，就是《南腔北调集》《准风月谈》《花边文学》等也不敢出版。鲁迅为了争取出版，就不惜应联华书局的、原是北新小职工、奉北新命来与鲁迅接洽事务的一位费慎祥的请求，一面同情他家庭困难，交给他出版，有时甚至代付印刷纸张费用。照实说，几乎是鲁迅自己出资印书，而售书所得，则从未结算。故每政治压迫愈甚，鲁迅的处境愈艰，公开的书店如北新的乘机装死亦益有加，甚而鲁迅为了安全而去稍远的地方，如看病等，往来多临时雇汽车，他们又故作宣传，说鲁迅很有钱，你看他出入都坐汽车，使鲁迅闻之更觉此辈居心的不可问，反而承认自己不够"毒"。

但鲁迅的同情心非常之大，尽管有不合理的待遇，一旦对方遭遇困难，即首先撇开自己，为他人设想。1931年北新书局曾经被封，鲁迅即驰书向小峰慰问："在北新被封时以至今日之开，我竟毫不知其中经过情形，虽有传闻，而不可信。不知兄现在是否有暇，且能见访一谈否？如有，则希于任何日之下午，直接莅寓为幸。"（见1931年4月26日鲁迅致李小峰信）这表示何等的关切。

又1933年，《两地书》原拟交给天马书店出版，北新得到消息，要求给他。鲁迅回信说："北新又正在困难中，我倘可以帮忙，自然仍不规避。"（见1933年1月2日鲁迅致李小峰信）就在这样的情谊难却之下，把初步说过的天马书店取消活动，仍转给北新出版，鲁迅之于北新，可谓仁至义尽了。

再看北新是什么局面呢？自鲁迅到上海所见，已不是先前翠花胡同摆张床卖书的情况，店面已开得相当可观，加以有利条件下是：印刷方便，在四马路同行又多，呼应灵便，但可惜习染也多了，加之内有李志云及其妹等全家加入，闹哄哄的一团，人多意见多，于是怪状百出，自投网罗，颠倒行为之事常有。又每款待阔人盛馔，走国民党反动的路线，即以为可突然无事，把得罪群众的事置之脑后。出书一乱，就易闯祸：为了得罪宗教，出了什么"猪爸爸，狗妈妈"的得罪少数民族的毫无道理的书，倘从速登报道歉，自己承认错误，即易化大事为小事，但他们不向群众低头，却到处活动，这回给了警告又不理会，直至敲毁大片橱窗，还是不作正当处理，反而狗急跳墙，连忙找人走了杜月笙的路线，结果打点了几千块钱，向这些人活动去了。又曾因某事故遭到封门，鲁迅从旁很焦虑地说："如果为了政治而关门，倒没有什么，若为了别的，就不好了。"鲁迅是如何希望他为新文化事业而奋斗，像生活书店那样，就是关门也是光荣的。无奈北新这软骨头，随风倒，哪里水响哪里去，看到教科书生意好，为了拉拢林语堂，想向开明书店抢出英文课本，大印他侄儿林惠祥写的文学史，鲁迅曾慨叹其对读书界的不负责任。为了逢迎伪国民党，大拉拢他们的人，如对钮惕生的大捧大请客，其优厚程度为一切宴会所没有。出这些人的书，方向一天天地变了。注意于教科书生意了，大印活页文选了，钱赚足了，每个北新的人见钱眼开，不择手段，粗枝滥叶，一切都不加选择地进行了。招牌仍旧，面目全非，应了一句俗话"挂羊头卖狗肉"。但北新书店的李小峰等辈，日趋反动统治方面之门，自然远离于革命人民，憎厌鲁迅是危险人物，于他有损。内心漆黑，不辨光明，反觉自己翅膀已丰满会飞，觉这时得罪了鲁迅也没有什么了。而况鲁迅每经一奋斗，就更加向敌人积极斗争。而鲁迅之以为敌者，他们却认为心腹，视作亲人，南辕而北辙，其不能相处也明甚。

现在引 1930 年 11 月 19 日鲁迅给崔真吾的一段信为例，即见一般了："今年是'民族主义文学'家大活动，凡不和他们一致的，几乎都称为'反动'，有不给活在中国之概，所以我的译作是无处发表，书报当然不出了。书坊老板就都去找温暾作家，现在最行时的是赵景深、汪馥泉，我们都躲着，——所以马君的著作，无法绍介。"这真是达于黑暗绝顶，是非不明的时代。

从上所述，益觉鲁迅非厚爱于北新。凡一心搞文化事业，对中国是有些好处的。如果不倒退到反动的一边，一旦化消极为积极，则庶几还可容忍其改变态度，还希望北新转变过来，冀于新文化事业有利。而不料北新对鲁迅，用得着这块招牌就拖住一把，用不着的时候，或者说政治态度不同的时候就蔑视不理。不惜投向敌人一方，走反动路线，终于使鲁迅的宽容，亦有限度的了。

附　录

鲁迅的生活

许寿裳

　　鲁迅是预言家，是诗人，是战士。我在《怀亡友鲁迅》文中说过，"他的五十六年全生活是一篇天地间的至文"，也就是一篇我们中华民族的杰作。这样伟大的一生决不是短时间所能说尽的，不过随便谈谈，得个大概罢了。

　　在开讲之前，我要问诸位一声，诸位大概在中学时代，甚而至于在小学时代已经读过了鲁迅的作品。读了之后，在没有会见他或者没有见过他的照相之前，那时诸位的想象中，鲁迅是怎样个人？这种回忆，对于鲁迅的认识上是很有帮助的。我的一位朋友的女儿，十余年前，在孔德学校小学班已经读了鲁迅的作品，有一天，听说鲁迅来访她的父亲了，她便高兴之极，跳跃出去看，只觉得他的帽子边上似乎有花纹，很特别。等到挂上帽架，她仰着头仔细一望，原来不过是破裂的痕迹，后来，她对父亲说："周老伯的样子很奇怪。

我当初想他一定是着西装，皮鞋，头发分得很光亮的，他的文章是这样漂亮，他的服装为什么这样不讲究呢？"

再讲一个近时的故事：这见于日本内山完造的《鲁迅先生》文中，用对话体记着，有一天，鲁迅照常穿着粗朴的蓝布长衫，廉价的橡皮底的中国鞋，到大马路 Cathy Hotal[1] 去看一个英国人。

"可是，据说房间在七层楼，我就马上去搭电梯。那晓得司机的装着不理会的脸孔，我以为也许有谁要来罢，就这么等着。可是谁也没有来，于是我就催促他说'到七层楼'，一催，那司机的家伙便重新把我的神气从头顶到脚尖骨溜骨溜地再打量一道，于是乎说'走出去'！终于被赶出了电梯。"

"那才怪呢！后来先生怎么呢？"

"没有办法，我便上扶梯到七层楼：于是乎碰见了目的的人，谈了两小时光景的话，回来的时候，那英国人送我到电梯上。恰巧，停下来的正是刚才的那一部电梯。英国人非常殷勤，所以这次没有赶出我，不，不是的，那个司机非常窘呢。——哈哈哈……"（《译文》二卷三期，日本原文见《改造》十八卷十二号）

关于鲁迅容貌的印象：我在此引一个英国人的话，颇觉简而得要，这见于 H. E. Shadick 的《对鲁迅的景仰》文中。他是燕大英文学系主任教授，不曾会见过鲁迅，只是从照相上观察，说道：

在我的面前呈现着一张脸，从耸立的头发到他的有力的颚

---

[1] 手稿有误，应为 Cathy Hotel，华懋饭店。

151

骨，无处不洋溢出坚决和刚毅。一种坦然之貌，惟有是完美的诚恳的人才具备的。前额之下，双眼是尖锐的，而又是忧郁的。眼睛和嘴都呈露出他的仁慈心和深切的同情，一抹胡须却好象把他的仁慈掩盖过去。

这些特质同样地表现在他的作品中，在他的生命里……

（原文见《燕大周刊丛书》之一，《纪念中国文化巨人鲁迅》）

鲁迅的生活状况可分为七个时期：（一）幼年在家时期，一—十七岁；（二）江南矿路学堂时期，十八—二十一岁；（三）日本留学时期，二十二—二十九岁；（四）杭州绍兴教书时期，二十九—三十一岁；（五）北京工作时期，三十二—四十六岁；（六）厦门广州教书时期，四十六—四十七岁；（七）上海工作时期，四十七—五十六岁。

一、幼年在家时期：一至十七岁，预备时期（1881—1897）这期的时代背景最大的有甲午中日之战。

鲁迅的幼年生活有他的回忆录——《旧事重提》，后改名为《朝花夕拾》——可供参考，现在略举几个特点如下：

（一）好看戏

（甲）五猖会（见《朝花夕拾》）是一件罕逢的盛事，在七岁时候，正当高兴之际，突然受了打击，他的父亲要他读熟《鉴略》数十行，背不出不准去，后来虽然背出，不遗一字，却已弄到兴趣索然。

（乙）社戏（见《呐喊》）

（丙）夜戏，目连戏（见《朝花夕拾》：《无常》）

（丁）女吊（见《中流》三期）绍兴有两种特色的鬼：一种是表现对于死的无可奈何，而且随随便便的"无常"，一种便是"女吊"，也叫作"吊神"，是带复仇性的，比别的一切鬼魂更美，更强的鬼魂。鲁迅临死前二日——10月17日下午在日本作家鹿地亘的寓所，也谈到这"女吊"，这可称鲁迅的最后谈话。（日本池田幸子有一篇《最后一天的鲁迅》记及此事，见日本杂志《文艺》四卷十二号。）

（戊）胡氏祠堂看戏。这点在他的著作里是没有谈到，我从他的母亲那里听来的；在十余岁时候，胡家祠堂里演戏，他事先已经看好了一个地方——远处的石凳。不料临时为母亲所阻止，终于哭了执意要去看，至则大门已关，不得进去。后来知道这一天，因为看客太多，挤得石凳断了，摔下来，竟有被压断胫骨的。他之不得其门而入，幸哉幸哉！

他幼年爱好看戏，至于如此，可是后来厌恶旧剧了。

（二）好绘画

（甲）描画。用一种荆川纸，蒙在小说的绣像上一个个描下来，象习字时候候的影写一样。……最成片段的是《荡寇志》和《西游记》的绣像，都有一大本。（见《朝花夕拾》：《从百草园到三味书屋》）

（乙）搜集图画（见《朝花夕拾》：《阿长与〈山海经〉》、《二十四孝图》）

这和他后来中年的搜集，研究汉画像，晚年的提倡版画，有密切的关系。

（三）不受骗

（甲）不听衍太太的摆布（见《朝花夕拾》：《琐记》）

（乙）对于《二十四孝图》的怀疑。"其中最使我不解，甚至于发生反感的，是'老莱娱亲'和'郭巨埋儿'两件事。"（见《朝花夕拾》：《二十四孝图》）

这样从小就有独到之见，和上述的艺术兴趣，可见他在此时期，天才的萌芽已经显露出来了。

二、江南矿路学堂时期：十八至二十一岁（1898—1901）这期的国家大事有戊戌变法和庚子义和团之役。

他的学堂生活从此开始，起初考入水师学堂，后才改入矿路学堂，《朝花夕拾》里有一篇《琐记》是可参考的。此外，还有几件事：

（一）爱看小说。新小说购阅不少。对于功课从不温习，也无须温习，而每逢月考，大考，名列第一者什居其八。

（二）好骑马。往往由马上坠落，皮破血流，却不以为意，常说："落马一次，即增一次进步。"

（三）不喜交际。

至于苦学的情况，如以八圆旅费上南京，夹裤过冬，凡上下轮船总是坐独轮车，一边搁行李，一边坐人。

三、日本留学时期：二十二至二十九岁，修养时期（1902—1909夏）这期的大事是俄兵占领奉天，日俄开战；革命思潮起于全国，和他个人关系较切的有章太炎师的下狱，徐锡麟、秋瑾的被杀等。

这留学时期又可分为三个小段：（一）东京弘文学院时期，（二）仙台医学专门学校时期，（三）东京研究文学时期。

（一）东京弘文学院时期（1902—1904夏）

此时，我初次和他相识，他在课余爱读哲学文学的书以及常常和我谈国民性问题，这已见于拙著《怀亡友鲁迅》，兹不赘述。他曾为《浙江潮》撰文，有《斯巴达之魂》《说钋》等（见《集外集》），钋即镭也。

（二）仙台医专时期（1904—1906春）

他学医的动机：（一）恨中医耽误了他的父亲的病。（二）确知日本明治维新是大半发端于西医的事实。以上两点，参阅《呐喊》序文和《朝花夕拾》：《父亲的病》便知。但是据我所知，除此以外，还对于一件具体的事实起了宏愿，也可以说是一种痴想，就是：（三）救济中国女子的小脚，要想解放那些所谓"三寸金莲"，使恢复到天足模样。后来，实地经过了人体解剖，悟到已断的筋骨没有法子可想。这样由热望而苦心研究，终至于断念绝望，使他对于缠足女子的同情，比普通人特别来得大，更由绝望而愤怒，痛恨赵宋以后历代摧残女子者的无心肝，所以他的著作里写到小脚都是字中含泪的。例如：

（1）见了绣花的弓鞋就摇头。（《朝花夕拾》：《范爱农》）

（2）"至于缠足，更要算在土人的装饰法中，第一等的新发明了。……可是他们还能走路，还能做事；他们终是未达一问，想不到缠足这好法子。……世上有如此不知肉体上的苦痛的女人，以及如此以残酷为乐，丑恶为美的男子，真是奇事怪事。"（《热风》：《随感录四十二》）

（3）小姑娘六斤新近裹脚，"在土场上一瘸一拐的往来。"（《呐喊》：《风波》）

（4）讨厌的"豆腐西施"，"两手搭在髀间，没有系裙，张着两脚，正像一个画图仪器里细脚伶仃的圆规"。（《呐喊》：《故乡》）

（5）爱姑的"两只钩刀样的脚"。（《彷徨》：《离婚》）

（6）"……女人的脚尤其是一个铁证，不小则已，小则必求其三寸，宁可走不成路，摇摇摆摆。"《南腔北调集》：《由中国女人的脚，推定中国人之非中庸，又由此推定孔夫子有胃病》）

他的感触多端，从此着重在国民性劣点的研究了。可见《呐喊》序文所载，在微生物学讲义的影片里，忽然看到咱们中国人的将被斩，就要退学，决意提倡文艺运动，这影片不过是一种刺激，并不是惟一的刺激。

（三）东京研究文学时期（1906—1909 夏）

一九〇二年的夏天，留日学生的人数还不过二三百，后来"速成班"日见增多，人数达到二万，真是浩浩荡荡，他们所习的科目不外乎法政，警察，农，工，商，医，陆军，教育等，学文艺的简直没有，据说学了文学将来是要饿死的。

然而鲁迅就从此致力于文艺运动，至死不懈。

此时，他首先绍介欧洲新文艺思潮，尤其是弱小民族，被压迫民族的革命文学。有两件事应该提到的：（一）拟办杂志《新生》，（二）译域外小说。这两件事说来颇长，好在他令弟知堂（作人）所作的《关于鲁迅（二）》（《宇宙风》三十期）文中已经叙明，我不必重复详说，只略略有所补充而已。《新生》虽然没有办成，可是书面的图案以及插图等等，记得是统统预备好了，一事不苟的；连它的西文译名，也不肯随俗用现代外国语，而必须用拉丁文曰Vita Nuova。后来，鲁迅为《河南》杂志撰《文化偏至论》《摩罗诗力说》，绍介英国的摆伦 [1]，德国的尼采，索宾霍尔 [2]，瑙威 [3] 的易卜生，及俄国波兰匈加利 [4] 的诗人等。《域外小说集》初印本的书面也是很优美的，图案是希腊的艺术，题字是篆文《或外小说__》，纸质甚佳，毛边不切。

大家都知道《新青年》杂志是新文化运动——文学革命，思想革命——的急先锋。它的民七，一月号，胡适之的《归国杂感》，说调查上海最通行的英文书籍，"都是和现在欧美的新思想毫无关系的，怪不得我后来问起一位有名的英文教习，竟连 Bernard Shaw 的

---

[1] 拜伦。

[2] 叔本华。

[3] 挪威。

[4] 匈牙利。

名字也不曾听见过，不要说 Tsheckhov 和 Andrejev 了，我想这都是现在一班教会学堂出身的英文教习的罪过。"殊不知周氏兄弟在民七的前十年，早已开始译 Tsheckhov 和 Andrejev 的短篇小说了。

鲁迅实在是绍介和翻译欧洲新文艺的第一个人。

总之，他在游学时期，用心研究人性和国民性问题，养成了冷静而又冷静的头脑。惟其爱国家爱民族的心愈热烈，所以观察得愈冷静。这好比一个医道高明的医师，遇到了平生最亲爱的人，患着极度危险的痼疾，当仁不让，见义勇为，一心要把他治好。试问这个医师在这时候，是否极度冷静地诊察，还是蹦蹦跳跳，叫嚣不止呢？这冷静是他的作品所以深刻的根本原因。

四、杭州绍兴教书时期：二十九至三十一岁（1909 夏—1911冬）这时期的大事是辛亥革命。

民元前三年夏，他因为要负担家庭的费用，不得不归国做事了。在杭州任两级师范学堂生理和化学教员一整年，在绍兴任中学堂教务长一年余，革命以后，任师范学校校长几个月。

在两级师范教化学的时候，有过这样的一件事："他在教室试验轻气的燃烧，因为忘记携带火柴了，故于出去时告学生勿动收好了的轻气瓶，以免混入空气，在燃烧时炸裂。但是取火柴回来一点火，居然爆发了，等到手里的血溅满了白的西装硬袖和点名簿时，他发见前两行只留着空位：这里的学生，想来是趁他出去时放进空气之后移下去的，都避在后面了。"所以孙春台（福熙）的《我所见于〈示众〉者》里说："鲁迅先生是人道主义者，他想尽量的爱人；然而他受人欺侮，而且因为爱人而受人欺侮。倘若他不爱人，不给人以轻气瓶中混入空气，燃烧时就要爆裂的智识，他不至于炸破手。……"（民十五,五月。《京报副刊》）

五、北平工作时期：三十二至四十六岁（民 1—15 年秋，即

1912—1926秋）这期的大事，国内有民元中华民国成立，民四日本"二十一条"的威胁及洪宪称帝，民六张勋复辟运动。民十四孙中山先生逝世及上海五卅惨案，民十五北京"三一八"惨案及国民革命军北伐；国外有世界大战。

元年一月，临时政府成立于南京，鲁迅应教育总长蔡子民先生之招，到部办事，公余老是钞沈下贤的集子。一日，曾偕我同董恂士（鸿祎）去访驻防旗营的残址，只见已经成了一片瓦砾场，偶尔剩着几间破屋，门窗全缺，情状是很可怜，使他记起了从前在矿路学堂读书的时候，骑马过此，不甘心受旗人的欺侮，扬鞭穷追，以致坠马的故事。

同年五月，到北京，住绍兴会馆，先在藤花馆，后在补树书屋，这便是相传在槐树上缢死过一个女人，从此多年没有人要住的。八年移居八道湾，十二年迁寓砖塔胡同，十三年移入宫门口西三条新屋。

在北京工作十五年。其间又可分为前后两段，以《新青年》撰文（民国七年）为界，前者重在辑录研究，后者重在创作。

前期住在会馆，散值后的工作是：（一）钞古碑，（二）辑故书，这二事可参考知堂的《关于鲁迅》（《宇宙风》二九期）。（三）读佛经，鲁迅的信仰是科学，不是宗教，他说佛教和孔教一样，都已经死亡，永不会复活了。所以他对于佛经，只作人类思想史的材料看，借此研究其人生观罢了。别人读了佛经，就趋于消极，而他独不然。

至于他的创作短篇小说，开始在民国七年四月，发表在同年五月号的《新青年》，正值五四运动的前一年。其第一篇曰《狂人日记》，才用"鲁迅"作笔名，"从此以后，便一发而不可收"，他的创作力好像长江大河，滚滚不绝。这是鲁迅生活上的一个大发展，也是中国文学史上应该大书特书的一章。因为从此，文学革命才有了永不磨灭的伟绩，国语文学才有了不朽的划时代的杰作，而且使他成为我们中国思想界的先知，民族解放上最勇敢的战士。现在时间有限，我只就《狂人日记》和《阿Q正传》两篇作个举例的说明而已。

《狂人日记》是借了精神迫害狂者来猛烈地掊击礼教的，据鲁迅自己说："因那时的认为'表现的深切和格式的特别'颇激动了一部分青年读者的心。然而这激动，却是向来怠慢了绍介欧洲大陆文学的缘故。一八三四年顷，俄国的果戈理（N. Gogol）就已经写了《狂人日记》……但后起的《狂人日记》意在暴露家族制度和礼教的弊害，却比果戈理的忧愤深广，也不如尼采的超人的渺茫。"（参阅《中国新文学大系》：《小说二集导言》）这是实实在在的话，试问读到篇中所云：

> 我翻开历史一查，这历史没有年代，歪歪斜斜的每叶上都写着"仁义道德"几个字。我横竖睡不着，仔细看了半夜，才从字缝里看出字来，满本都写着两个字是"吃人"！

又云：

> 有了四千年吃人履历的我，当初虽然不知道，现在明白，难见真的人！

有谁不感到礼教的迫害，有谁不想奋起而来攻击呢？他的其余作品有好多篇仿佛可作这《狂人日记》的说明，《祝福》便是一个例子。《祝福》的惨事，不惨在狼吃了"阿毛"，而惨在礼教吃了

"祥林嫂"。

我那时在南昌，读到《狂人日记》就非常感动，觉得这很象周豫才的手笔，而署名却是姓鲁，天下岂有第二个豫才乎？于是写信去问他，果然回信来说确是"拙作"，而且那同一册里有署名"唐俟"的新诗也是他做的。到了九年的年底，我们见面谈到这事，他说："因为《新青年》编辑者不愿意有别号一般的署名，我从前用过'迅行'的别号是你所知道的，所以临时命名如此：理由是（一）母亲姓鲁，（二）周鲁是同姓之国，（三）取愚鲁而迅速之意。""至于唐俟呢？"他答道："哦！因为陈师曾（衡恪）那时送我一方石章，并问刻作何字，我想了一想，对他说'你叫做槐堂，我就叫俟堂罢'。"我听到这里，就明白了这"俟"字的涵义。那时部里的长官某很想挤掉鲁迅，他就安静地等着，所谓"君子居易以俟命"也。把"俟堂"两个字颠倒过来，"堂"和"唐"两个字同声可以互易，于是成名曰"唐俟"，周，鲁，唐，又都是同姓之国也。可见他无论何时没有忘记破坏偶像的意思。

《阿Q正传》的署名是"巴人"，取"下里巴人"并不高雅的意思。（《华盖集续编》：《〈阿Q正传〉的成因》）大家都知道这是一篇讽刺小说，在描写中国民族的魂灵。知堂在十一年三月十九日《晨报副刊》上说过："阿Q这人是中国一切的谱——新名词称作'传统'——的结晶，没有自己的意志而以社会的因袭的惯例为其意志的人，所以在实社会里是不存在而又到处存在的。……（他）承受了恶梦似的四千年来的经验所造成的一切'谱'上的规则，包含对于生命幸福名誉道德各种意见，提炼精粹，凝为个体，所以实在是一幅中国人品性的'混合照相'，其中写中国人的缺乏求生意志，不知尊重生命，尤为痛切，因为我相信这是中国人的最大的病根。"（仲密：《自己的园地》八。后来印成单行本的时候，这一篇未

160

见收入。）

《阿Q正传》发表于民国十年十二月，到现今是整整的十五年了。我每次读到它，总感觉一种深刻和严肃，并且觉得在鲁迅的其余作品中，有许多处似乎可当作这篇的注解或说明来读，因为描写阿Q的劣性仿佛便是描写民族的劣性故也。现在随便举出几点，彼此参照，使可了然，例如：

（一）自大。阿Q和别人口角的时候，间或瞪着眼睛道："我们先前——比你阔的多啦！你算是什么东西！"这宛然是以"中国地大物博，开化最早，道德天下第一"自负的国粹派的口吻，鲁迅所时常指摘的："他们自己毫无特别才能，可以夸示于人，所以把这国拿来做个影子；他们把国里的习惯制度抬得很高，赞美的了不得，他们的国粹，既然这样有荣光，他们自然也有荣光了！"（《热风·随感录三十八》）

（二）卑怯。阿Q"发起怒来，估量了对手，口讷的他便骂，气力小的他便打……"试读《随感录四十八》有云："中国人对于异族，历来只有两样称呼，一样是禽兽，一样是圣上。从没有称他朋友，说他也同我们一样的。"（《热风》）还有《通讯》云，"先生（旭生）的信上说：惰性表现的形式不一，而最普通的，第一就是听天任命，第二就是中庸。我以为这两种态度的根柢，怕不可仅以惰性了之，其实乃是卑怯。遇见强者，不敢反抗，便以'中庸'这些话来粉饰，聊以自慰。所以中国人倘有权力，看见别人奈何他不得，或者有'多数'作他护符的时候，多是凶残横恣，宛然一个暴君，做事并不中庸；待到满口'中庸'时，乃是势力已失，早非'中庸'不可的时候了。一到全败，则又有'命运'来做话柄，纵为奴隶，也处之泰然，但又无往而不合于圣道。这些现象，实在可以使中国人败亡，无论有没有外敌。要救正这些，也只好先行发露各样的劣点，撕下那好看的假面具来。"（《华盖集》）还有，《忽然想到（七）》有云："……可惜中国人但对于羊显凶兽相，而对于凶兽则显羊相，所以即使显着凶兽相，也还是卑怯的国民。这样下去，一定要完结的。……"《华盖集》）

（三）善变——投机，迎合取巧。阿Q本来是深恶革命的，后来却也有些神往，想"革命也好罢……"试读《忽然想到（四）》里的话："……其实这些人是一类，都是伶俐人，也都明白，中国虽完，自己的精神是不会苦的，——因为都能变出合式的态度来。倘有不信，请看清朝的汉人所做的颂扬武功的文章去，开口'大兵'，闭口'我军'，你能料得到被这'大兵'，'我军'所败的就是汉人的么？你将以为汉人带了兵将别的一种什么野蛮腐败民族歼灭了。然而这一流人是永远胜利的，大约也将永久存在。在中国，惟他们最适于生存，而他们生存着的时候，中国便永远免不掉反复着先前的运命。"（《华盖集》）还有《算账》里说："……我每遇到学者谈起清代的学术时，总不免同时想：'扬州十日'，'嘉定三屠'这些小事情，不提也好罢，但失去全国的土地，大家十足做了二百五十年奴隶，却换得这几页光荣的学术史……"《花边文学》）

（四）自欺——精神上的胜利法。阿Q在形式上打败了之后，有种种妙法以自慰：或者算被儿子打了，或者说自己是虫豸好不好，或者简直打自己两个嘴巴，就立刻心满意足了。这类自欺欺人，别设骗局的方法，在士大夫之间也何尝没有？"……有时遇到彰明的史实，瞒不下，如关羽岳飞的被杀，便只好别设骗局了。一是前世已造凶因，如岳飞；一是死后使他成神，如关羽。定命不可逃，成神的善报更满人意，所以杀人者不足责，被杀者也不足悲，冥冥中自有安排，使他们各得其所，正不必别人来费力了，中国人的不敢正视各方面，用瞒和骗，造出奇妙的逃路来，而自以为正路。在这路上，就证明着国民性的怯弱，懒惰，而又巧猾。一天一天的满足着，即一天一天的堕落着，但却又觉得日见其光荣，在事实上，亡国一次，即添加几个殉难的忠臣，后来每不想光复旧物，而只去赞美那几个忠臣；遭劫一次，即造成一群不辱的烈女，事过之后，也每每不思惩凶，自卫，却只顾歌咏那一群烈女。仿佛亡国遭劫的事，反而给中国人发挥'两间正气'的机会，增高价值，即在此一举，应该一任其至，不足忧悲似的。自然，此上也无可为，因为我们已经借死人获得最上的光荣了。沪汉烈士的追悼会中，活的人们在一块很可景仰的高大的木主下互相打骂，也就是和我们的先辈走着同一的路。……"《坟》：《论睁了眼看》）此外，描写着的劣性还很多，限于时间，不及备举了。

十五年"三一八"惨案后，四月奉军进京，有通缉名单的传言，我和鲁迅及其他相识十余人，避居在 D 医院的一间堆积房里若干日，鲁迅在这样流离颠沛之中，还是不断地写文章，《朝花夕拾》里的《二十四孝图》《五猖会》《无常》，都是这时的作品。

这期的重要创作，已经结集者有：

小说：《呐喊》《彷徨》

论文：《坟》

讲义：《中国小说史略》

散文诗：《野草》

回忆文：《朝花夕拾》（前半部）

杂感集：《热风》《华盖集》《华盖集续编》

六、厦门广州教书时期：四十六，四十七岁（民 15 年秋至 16 年秋，即 1926—1927）时代背景是宁汉分裂，国民党清党运动。

这时期虽很短，只有一年，可是鲁迅感触多端，不很开口，"抱着梦幻而来，一遇实际，便被从梦境放逐了，不过剩下些索漠。"

因之，生活极不安定，宿舍屡有更变。在厦门四个月，因为"不合时宜"，搬来搬去，终于被供在图书馆楼上的一间屋子里，虽对着春秋早暮景象不同的山光海气也不甚感动。所不能忘怀的，倒是一道城墙，据说是郑成功的遗迹。"一想到除了台湾，这厦门乃是满人入关以后我们中国的最后亡的地方，委实觉得可悲可喜。"（《华盖集续编》:《厦门通信》）到广州后，起初他和我同住在中山大学中最中央而最高的处所，通称"大钟楼"，后来搬出学校，租了白云楼的一组仍旧合居。"……我这楼外却不同，满天炎热的阳光，时而如绳的暴雨；前面的小港中是十几只蜑户的船，一船一家，一家一世界，谈笑哭骂，具有大都市中的悲欢。也仿佛觉得不知那里有青春的生命沦亡，或者正被杀戮，或者正在呻吟，或者正在'经营腐烂事业'和作这事业的材料。然而我却渐渐知道这虽然沉默的都市中，还有我的生命存在，纵已节节败退，我实未尝沦亡。"（《小约翰·引言》）诸位请读《两地书》，及《三闲集》里的《怎么写》《在钟楼上》两篇，便可以知道那时期他的生活的大略。

我不知道他在厦门大学担任什么科目，至于在中山大学，则任文学论和中国文学史等，因为选修文学论的学生人数太多，以致上课时间排在晚上，教室用大礼堂。这期的著作如下：

回忆文：《朝花夕拾》（后半部）

杂感集：《华盖集续编的续编》（附在《华盖集续编》之后），《而已集》

通讯：《两地书》（一部分。与景宋合著）

讲义：《中国文学史》（未完）

七、上海工作时期：四十七至五十六岁（民16年秋—25年10月19日，即1927—1936）国家大事有十七年的北伐成功及

"五三"济南事件，二十年"九一八"后东四省的沦亡，二十一年"一·二八"上海之战。

这十年之间，国难的严重，日甚一日，鲁迅对于帝国主义的侵略，国内政治的不上轨道，上海文坛的浅薄空虚，一点也不肯放松，挺身而出，"奋笔弹射，无所避回"，于是身在围攻，禁锢之中，而气不稍馁，始终奋斗，决不屈服。这时期可以称为短评时期。他的短评，都象短兵相接，篇篇是诗，精悍无比。不识者奚落他，称之为"杂感家"，殊不知这正是他的战士生活的特色。他不想做什么领袖，也没有"藏之名山"的意思，以为一切应时的文字，应该任其消灭的，《热风》序文里说得好："……几个朋友却以为现状和那时并没有大两样，也还可以存留，给我编辑起来了。这正是我所悲哀的。我以为凡对于时弊的攻击，文字须与时弊同时灭亡，因为这正如白血轮之酿成疮疖一般，倘非自身也被排除，则当它的生命的存留中，也即证明着病菌尚在。"所以他的十多本杂感集大都是应时而作，只要时弊快快去掉，则他的文字本来愿意欢欢喜喜地消灭。

上海不是个好住处，不说别的，单是空中的煤灰和邻居的无线电收音，已经够使他心烦气闷了。他常对我说，颇想离开上海，仍回北平，因为有北平图书馆可以利用，愿意将未完的中国文学史全部写成。它的大纲早已成竹在胸，分章是《思无邪》《诸子》《离骚与反离骚》《药与酒》……他的观察史实，总是比别人深一层，能发别人所未发，所以每章都有独到的见解。我们试读《而已集》里那篇《魏晋风度及文章与药及酒之关系》，便可窥见一斑。这是他的《中国文学史》的一段，思想很新颖，议论很透辟，将一千六百年前人物的真相发露出来，成了完全和旧说不同的样子。我正盼望这部大著作能够早日观成，不料他竟赍志以殁，连腹稿也同埋地下，这是无可弥补的大损失！

近年来，他写文章之外，更致力于大众艺术和大众语文。前者是提倡版画，因其好玩，简便，而且有用，认为正合于现代中国的一种艺术。他个人首先搜集了许多件英，俄，德，法，日本的名刻，有时借给别人去展览，有时用玻璃版翻印出来，如《士敏土之图》《凯绥·珂勒惠支版画选集》，使艺术学徒有所观摩。一面，在上海创办木刻速修讲习会，从招生以至每日的口译，都由他一个人担任的。这个艺术现在已经很有进步，可以说风行全国了。后者是鼓吹大众语：因为汉字和大众是势不两立的。他说："现在能够实行的，我以为是（一）制定罗马字拼音（赵元任的太繁，用不来的）；（二）做更浅显的白话文，采用较普通的方言，姑且算是向大众语去的作品，至于思想，那不消说，该是'进步'的；（三）仍要支持欧化文法，当作一种后备。"（《且介亭杂文》:《答曹聚仁先生信》）

本期的重要著作，列举如下：

短评集:《三闲集》

杂文集:《二心集》

短评集:《伪自由书》（一名《不三不四集》）

杂文集:《南腔北调集》

短评集:《准风月谈》《花边文学》

历史小说:《故事新编》

通讯:《两地书》（一部分。与景宋合著）

杂文:《集外集》《集外集拾遗》，《且介亭杂文》，《且介亭杂文二集》《且介亭杂文末编》

此外，近年散见于各种杂志的文章，不曾由他自己结集起来，否则一定又添了一个有趣的书名。有一本题作《一九三五年——一九三六年鲁迅杂文集》，在他逝世后的一个月——十一月印行的，编次甚乱而销行甚广，决不是他自己编订的东西，前面既无序文，书尾也不贴印花，自从他一去世，投机取巧的市侩，东抄西撮，纷纷出书，什么鲁迅自述啦，鲁迅杂感集啦，鲁迅讽刺文集啦，鲁迅最后遗著啦，陈列在书摊上，五花八门，指不胜屈。更有无耻之徒，冒名取利者，将别人的作品，换一个临时封面，公然题作"鲁迅著"，例如《活力》《归家》等等，尤其可恶。请诸位千万注意，别去上当！

以上所谈，只关于他的创作方面，至于翻译，已经印行的不下三十种，工作也极其认真，字字忠实，不肯丝毫苟且，并且善能达出原文的神恉，这也是译界中不可多得的珍宝。

总之，鲁迅无论求学，做事，待人，交友，都是用真诚和挚爱的态度，始终如一，凡是和他接近过的人一定会感觉到的。他的勤苦耐劳，孜孜不倦，真可以忘食，忘寒暑，忘昼夜。在广州住白云楼的时候，天气炎热，他的住室，阳光侵到了大半间，别人手上摇着扇子，尚且流汗，可是他能在两窗之间的壁下，伏案写稿，手不停挥：修订和重抄《小约翰》的译稿；编订《朝花夕拾》，作后记，绘插图；又编录《唐宋传奇集》等等。蛰居上海以后，为生活费的关系，勤劳更甚。书案前一坐下，便是工作；工作倦了，坐到案旁的一张藤躺椅上，看看报，或是谈谈天，便算休息。生平游览极少，酬应最怕，大抵可辞则辞。衣服是布制的，鞋当初是皮的，十余年来是胶皮底帆布面的；卧床向用板床，近十年来才改。写字始终用毛笔。除了多吸烟卷而外，一无嗜好。他至死保持着质朴的学生时代的生活。

他的真挚，我不用说别的，就在游戏文字里，也是不失常度，试读《我的失恋》，便可知道。这本来是打油诗，其中所云："爱人赠我百蝶巾；回她什么：猫头鹰"，"爱人赠我双燕图；回她什么：

冰糖壶卢","爱人赠我金表索；回她什么：发汗药","爱人赠我玫瑰花；回她什么：赤练蛇"（《野草》：《我的失恋》），似乎是信口胡诌了，其实不然。要晓得猫头鹰，发汗药之类，的确是他自己所心爱的或是所常用的物品，并没有一点做作。

他的富于友爱，也是常人所不能及的，最肯帮人的忙，济人的急，尤其是对于青年，体贴无微不至。但是竟还有人说他脾气大，不易相处，这是我所百思不解的。

他这样地牺牲了个人生前的幸福，努力为民族的生存和进步而奋斗，患肺结核而至于医师多次警告了，还是不肯休息，而且"要赶快做"，真是实践了他三十五年前所做的"我以我血荐轩辕"的诗句！

我说过，鲁迅之所以伟大，就在他的冷静和热烈双方都彻底。现在话已说多了，就引用他的《自嘲》诗中的两句作为今天谈话的总括罢：

　　横眉冷对千夫指，俯首甘为孺子牛。

上句表冷静，下句表热烈。关于上句，请参阅"我的确时时解剖别人，然而更多的是更无情面地解剖我自己，发表一点，酷爱温暖的人物已经觉得冷酷了，如果全露出我的血肉来，末路正不知要到怎样。"（《坟》：《写在〈坟〉后面》）下句请参阅"救救孩子"（《狂人日记》的末句），"自己背着因袭的重担，肩住了黑暗的闸门，放他们到宽阔光明的地方去。"（《坟》：《我们现在怎样做父亲》）又景宋的哀诗所引用的："我好像一只牛，吃的是草，挤出的是奶。"即使在《自嘲》中，也可以看出他的伟大来。

一九三六年十二月十七日

鲁迅先生年谱

许寿裳

凡　例

一、先生自民国元年五月抵京之日始，即写日记，从无间断，凡天气之变化如阴、晴、风、雨，人事之交际如友朋过从，信札往来，书籍购入，均详载无遗，他日付印，足供参考。故年谱之编，力求简短，仅举荦荦大端而已。

二、先生著作既多，译文亦富，另有著译书目，按年排比，故本谱于此二项，仅记大略，未及详焉。

三、先生著译之外，复勤于纂辑古书，抄录古碑，书写均极精美，谱中亦不备举。

四、先生工作毕生不倦，如编辑各种刊物，以及为人校订稿件之类，必忠必信，贡献亦多，谱中亦从略不述。

五、本谱材料，有奉询于先生母太夫人者，亦有得于夫人许广平及令弟作人建人者，合并声明。

二十六年五月　日　许寿裳记

民国前三十一年（清光绪七年辛巳，西历一八八一年）：先生一岁

八月初三日，生于浙江绍兴城内东昌坊口。姓周，名树人，字豫才，小名樟寿，至三十八岁，始用鲁迅为笔名。

前二十六年（十二年丙戌，一八八六年）：六岁

是年入塾，从从叔祖玉田先生初诵《鉴略》。

前二十四年（十四年戊子，一八八八年）：八岁

十一月，以妹端生十月即夭，当其病笃时，先生在屋隅暗泣，母太夫人询其何故，答曰："为妹妹啦。"

是岁一日，本家长辈相聚推牌九，父伯宜公亦与焉。先生在旁默视，从伯慰农先生因询之曰："汝愿何人得赢？"先生立即对曰："愿大家均赢。"其五六岁时，宗党皆呼之曰"胡羊尾巴"，誉其小而灵活也。

前二十年（十八年壬辰，一八九二年）：十二岁

正月，往三味书屋从寿镜吾先生怀鉴读。在塾中，喜乘间描画，并搜集图画，而对于《二十四孝图》之"老莱娱亲""郭巨埋儿"独生反感。

先生外家为安桥头鲁姓，聚族而居，幼时常随母太夫人前往，得在乡村与大自然相接触，影响甚大。《社戏》中所描写者，皆安桥头一带之景色，时正十一二岁也。外家后迁皇甫庄，小皋步等处。

十二月三十日曾祖母戴太君卒，年七十九。

前十九年（十九年癸巳，一八九三年）：十三岁

三月祖父介孚公丁忧，自北京归。

秋，介孚公因事下狱，父伯宜公又抱重病，家产中落，出入于质铺及药店者累年。

前十六年（二十二年丙申，一八九六年）：十六岁

九月初六日父伯宜公卒，年三十七。

父卒后，家境益艰。

前十四年（二十四年戊戌，一八九八年）：十八岁
闰三月，往南京考入江南水师学堂。

前十三年（二十五年己亥，一八九九年）：十九岁
正月，改入江南陆师学堂附设矿路学堂，对于功课并不温习，而每逢考试辄列前茅。
课余辄读译本新书，尤好小说，时或外出骑马。

前十一年（二十七年辛丑，一九〇一年）：二十一岁
十二月矿路学堂毕业。

前十年（二十八年壬寅，一九〇二年）：二十二岁
二月，由江南督练公所派赴日本留学，入东京弘文学院。
课余喜读哲学与文艺之书，尤注意于人性及国民性问题。

前九年（二十九年癸卯，一九〇三年）：二十三岁
是年为《浙江潮》杂质撰文。
秋，译《月界旅行》毕。

前八年（三十年甲辰，一九〇四年）：二十四岁
六月初一日，祖父介孚公卒，年六十八。
八月，往仙台入医学专门学校肄业。

前六年（三十二年丙午，一九〇六年）：二十六岁

六月回家，与山阴朱女士结婚。

同月，复赴日本，在东京研究文艺，中止学医。

前五年（三十三年丁未，一九〇七年）：二十七岁

是年夏，拟创办文艺杂志，名曰《新生》，以费绌未印，后为《河南》杂志撰文。

前四年（三十四年戊申，一九〇八年）：二十八岁

是年从章太炎先生炳麟学，为"光复会"会员，并与二弟作人译域外小说。

前三年（宣统元年己酉，一九〇九年）：二十九岁

是年辑印《域外小说集》二册。

六月归国，任浙江两级师范学堂生理学化学教员。

前二年（二年庚戌，一九一〇年）：三十岁

四月初五日祖母蒋太君卒，年六十九。

八月，任绍兴中学堂教员兼监学。

前一年（三年辛亥，一九一一年）：三十一岁

九月绍兴光复，任绍兴师范学校校长。

冬，写成第一篇试作小说《怀旧》，阅二年始发表于《小说月报》第四卷第一号。

注：以上月份均系阴历。

民国元年（一九一二年）：三十二岁

一月一日，临时政府成立于南京，膺教育总长蔡元培之招，任教育部部员。

五月，航海抵北京，住宣武门外南半截胡同绍兴会馆藤花馆，任教育部社会教育司第一科科长。

八月任命为教育部佥事。

是月公余纂辑《谢承后汉书》。

二年（一九一三年）：三十三岁

六月，请假由津浦路回家省亲，八月由海道返京。

十月，公余校《嵇康集》。

三年（一九一四年）：三十四岁

是年公余研究佛经。

四年（一九一五年）：三十五岁

一月辑成《会稽郡故书杂集》一册，用二弟作人名印行。

同月刻《百喻经》成。

是年公余喜搜集并研究金石拓本。

五年（一九一六年）：三十六岁

五月，慈居会馆补树书屋。

十二月，请假由津浦路归省。

是年仍搜集研究造像及墓志拓本。

六年（一九一七年）：三十七岁

一月初，返北京。

七月初，因张勋复辟乱作，愤而离职，同月乱平即返部。

是年仍搜集研究拓本。

七年（一九一八）：三十八岁

自四月开始创作以后，源源不绝，其第一篇小说《狂人日记》，以鲁迅为笔名，载在《新青年》第四卷第五号，掊击家族制度与礼教之弊害，实为文学革命思想革命之急先锋。

是年仍搜罗研究拓本。

八年（一九一九年）：三十九岁

一月，发表关于爱情之意见，题曰《随感录四十》，载在《新青年》第六卷第一号，后收入杂感集《热风》。

八月，买公用库八道湾屋成，十一月修缮之事略备，与二弟作人俱迁入。

十月，发表关于改革家庭与解放子女之意见，题曰《我们现在怎样做父亲》，载《新青年》第六卷第六号，后收入论文集《坟》。

十二月，请假经津浦路归省，奉母偕三弟建人来京。

是年仍搜罗研究拓本。

九年（一九二〇年）：四十岁

一月，译成日本武者小路实笃著戏曲《一个青年的梦》。

十月，译成俄国阿尔志跋绥夫著小说《工人绥惠略夫》。

是年秋季起，兼任北京大学及北京高等师范学校讲师。

是年仍研究金石拓本。

十年（一九二一年）：四十一岁

二三两月又校《嵇康集》。

仍兼任北京大学，北京高等师范学校讲师。

十一年（一九二二年）：四十二岁

二月八月又校《嵇康集》。

五月，译成俄国爱罗先珂著童话剧《桃色的云》。

仍兼任北京大学，北京高等师范学校讲师。

十二年（一九二三年）：四十三岁

八月，迁居砖塔胡同六十一号。

九月，小说第一集《呐喊》印成。

十二月，买阜成门内西三条胡同二十一号屋。

同月，《中国小说史略》上卷印成。

是年秋起，兼任北京大学，北京师范大学，北京女子高等师范学校及世界语专门学校讲师。

十三年（一九二四年）：四十四岁

五月，移居西三条胡同新屋。

六月，《中国小说史略》下卷印成。

同月又校《嵇康集》，并撰校正《嵇康集》序。

七月，往西安讲演，八月返京。

十月，译成日本厨川白村著论文《苦闷的象征》。

仍兼任北京大学，北京师范大学，北京女子高等师范学校及世界语专门学校讲师。

是年冬起为《语丝》周刊撰文。

十四年（一九二五年）：四十五岁

八月，因教育总长章士钊非法解散北京女子师范大学，先生与多数教职员有校务维持会之组织，被章士钊违法免职。

十一月，杂感第一集《热风》印成。

十二月，译成日本厨川白村著《出了象牙之塔》。

是年仍为《语丝》撰文，并编辑《国民新报》副刊及《莽原》杂志。

是年秋起，兼任北京大学，北京女子师范大学，中国大学讲师，黎明中学教员。

十五年（一九二六年）：四十六岁

一月，女子师范大学恢复，新校长易培基就职，先生始卸却职责。

同月教育部金事恢复，到部任事。

三月，"三一八"惨杀案后，避难入山本医院，德国医院，法国医院等，至五月始回寓。

七月起，逐日往中央公园，与齐宗颐同译《小约翰》。

八月底，离北京向厦门，任厦门大学文科教授。

九月，《彷徨》印成。

十二月，因不满于学校，辞职。

十六年（一九二七年）：四十七岁

一月至广州，任中山大学文学系主任兼教务主任。

二月往香港演说，题为《无声的中国》，次日演题：《老调子已经唱完》。

三月，黄花节，往岭南大学讲演。同日移居白云楼。

四月，至黄埔政治学校讲演。

同月十五日，赴中山大学各主任紧急会议，营救被捕学生，无效，辞职。

七月，演讲于知用中学，及市教育局主持之"学术讲演会"，题目为《读书杂谈》《魏晋风度及文章与药及酒之关系》。

八月开始编纂《唐宋传奇集》。

十月，抵上海。八日，移寓景云里二十三号，与番禺许广平女士同居。

同月《野草》印成。

沪上学界，闻先生至，纷纷请往讲演，如劳动大学，立达学园，复旦大学，暨南大学，大夏大学，中华大学，光华大学等。

十二月，膺大学院院长蔡元培之聘，任特约著作员。

同月《唐宋传奇集》上册出版。

十七年（一九二八年）：四十八岁

二月，《小约翰》印成。

同月为《北新》半月刊译《近代美术史潮论》，及《语丝》编辑。

《唐宋传奇集》下册印成。

五月，往江湾实验中学讲演，题曰《老而不死论》。

六月，《思想山水人物》译本出。《奔流》创刊号出版。

十一月，短评《而已集》印成。

十八年（一九二九年）：四十九岁

一月与王方仁，崔真吾，柔石等合资印刷文艺书籍及木刻《艺苑朝花》，简称朝花社。

五月，《壁下译丛》印成。

同月十三，北上省亲。并应燕京大学，北京大学，第二师范学院，第一师范学院等校讲演。

六月五日回抵沪上。

同月卢那卡尔斯基作《艺术论》译成出版。

九月二十七日晨，生一男。

十月一日名孩子曰海婴。

同月为柔石校订中篇小说《二月》。

同月卢那卡尔斯基作《文艺与批评》译本印成。

十二月，往暨南大学讲演。

十九年（一九三〇年）：五十岁

一月，朝花社告终。

同月与友人合编《萌芽》月刊出版。开始择《毁灭》。

二月，"自由大同盟"开成立会。

三月二日，参加"左翼作家联盟"成立会。

此时浙江省党部呈请通缉"反动文人鲁迅"。

"自由大同盟"被严压，先生离寓避难。

同时牙齿肿痛，全行拔去，易以义齿。

四月回寓。与神州国光社订约编译《现代文艺丛书》。

五月十二日，迁入北四川路楼寓。

八月，往"夏期文艺讲习会"讲演。

同月译雅各武莱夫长篇小说《十月》讫。

九月为贺非校订《静静的顿河》毕，过劳发热。

同月十七日，在荷兰西菜室，赴数友发起之先生五十岁纪念会。

十月四五两日，与内山完造同开"版画展览会"于北四川路"购买组合"第一店楼上。

同月译《药用植物》讫。

十一月，修正《中国小说史略》。

二十年（一九三一年）：五十一岁

一月二十日，柔石被逮，先生离寓避难。

二月，梅斐尔德《士敏土之图》印成。

同月二十八日回旧寓。

三月，先生主持"左联"机关杂志《前哨》出版。

四月，往同文书院讲演，题为《流氓与文学》。

六月，往日人"妇女之友会"讲演。

七月，为增田涉讲解《中国小说史略》全部毕。

同月往"社会科学研究会"演讲《上海文艺之一瞥》。

八月十七日，请内山嘉吉君教学生木刻术，先生亲为翻译，至二十二日毕。二十四日为一八艺社木刻部讲演。

十一月，校《嵇康集》以涵芬楼影印宋本。

同月《毁灭》制本成。

十二月，与友人合编《十字街头》旬刊出版。

二十一年（一九三二年）：五十二岁

一月二十九日遇战事，在火线中。次日避居内山书店。

二月六日，由内山店友护送至英租界内山支店暂避。

四月，编一九二八及二九年短评，名曰《三闲集》。编一九三〇至三一年杂文，名《二心集》。

五月，自录译著书目。

九月，编译新俄小说家二十人集上册讫，名曰《竖琴》。编下册讫，名曰《一天的工作》。

十月，排比《两地书》。

十一月九日，因母病赴平。

同月二十二日起，在北京大学，辅仁大学，北平大学，女子文理学院，师范大学，中国大学等校讲演。

二十二年（一九三三年）：五十三岁

一月四日，蔡元培函邀加入"民权保障同盟会"，被举为执行委员。

二月十七日，蔡元培函邀赴宋庆龄宅，欢迎肖伯纳^[1]。

三月，《鲁迅自选集》出版于天马书店。

同月二十七日，移书籍于狄思威路，租屋存放。

四月十一日，迁居大陆新村九号。

五月十三日，至德国领事馆为"法西斯蒂"暴行递抗议书。

六月二十日，杨铨被刺，往万国殡仪馆送殓。时有先生亦将不免之说，或阻其行，先生不顾，出不带门匙，以示决绝。

七月，《文学》月刊出版，先生为同人之一。

十月，先生编序之《一个人的受难》木刻连环图印成。

同月"木刻展览会"假千爱里开会。

又短评集《伪自由书》印成。

二十三年（一九三四年）：五十四岁

一月，《北平笺谱》出版。

三月，校杂文《南腔北调集》，同月印成。

五月，先生编序之木刻《引玉集》出版。

---

[1] 萧伯纳。

八月，编《译文》创刊号。

同月二十三日，因熟识者被捕，离寓避难。

十月，《木刻纪程》印成。

十二月十四夜，脊肉作痛，盗汗。病后大瘦，义齿与齿龈不合。

同月短评集《准风月谈》出版。

二十四年（一九三五年）：五十五岁

一月，译苏联班台莱夫童话《表》毕。

二月，开始译果戈理《死魂灵》。

四月，《十竹斋笺谱》第一册印成。

六月，编选《新文学大系》小说二集并作导言华，印成。

九月，高尔基作《俄罗斯的童话》译本印成。

十月，编瞿秋白遗著《海上述林》上卷。

十一月，续写《故事新编》。

十二月，整理《死魂灵百图》木刻本，并作序。

二十五年（一九三六年）：五十六岁

一月，肩及胁均大痛。

同月二十日与友协办之《海燕》半月刊出版。

又校《故事新编》毕，即出书。

二月，开始续译《死魂灵》第二部。

三月二日下午骤患气喘。

四月七日，往良友公司，为之选定《苏联版画》。

同月编《海上述林》下卷，

五月十五日再起病，医云胃疾，自后发热未愈，三十一日，史

沫特黎 [1] 女士引美国邓医生来诊断，病甚危。

六月，从委顿中渐愈，稍能坐立诵读。可略作数十字。

同月，病中答访问者 O.V.《论现在我们的文学运动》。

又《花边文学》印成。

七月，先生编印之《凯绥·珂勒惠支版画选集》出版。

八月，痰中见血。

为《中流》创刊号作小文。

十月，称体重八十八磅，较八月一日增约二磅。

契诃夫作《环孩子和别的奇闻》译本印成。

能偶出看电影及访友小坐。

同月八日往青年会观第二回"全国木刻流动展览会"。

十七日出访鹿地亘及内山完造。

十八日未明前疾作，气喘不止，延至十九日上午五时二十五分逝世。

---

[1] 史沫特莱。

编后记

鲁迅"是诗人，是战士"，是中国文学史上一座耸立的高峰。

鲁迅是一座桥梁，衔接着旧与新两个世界。他从旧时代走来，深谙当时社会的积习与痼病，因此往往能运笔如刀，切中要害；他又受过新式教育，接受新式思想，因此在"破旧"的同时能够"立新"，向大众宣讲新的道路。

鲁迅的一生是战斗的一生，许广平是他重要的战友与知己。许广平与鲁迅相识于北京女子高等师范学校，她是鲁迅人生最后十余年重要的参与者和见证者。她与鲁迅互相扶持，辗转广州、上海等地，共同经历当时的文化高压和白色恐怖。若要回顾鲁迅的人生，许广平无疑是最有资格的人之一。

在鲁迅去世后，许广平参与收集、整理、出版了鲁迅的多部作品，并于1959年提笔写下了《鲁迅回忆录》。当时许广平已经年过六旬，且受疾病困扰，创作十分辛苦。《鲁迅回忆录》于1961年出版，与许广平的手稿相比，初版有较多校改，但依然不失为一份研究鲁迅的一手资料。

此次新出版的《鲁迅回忆录》则以许广平的手稿为准，尽量还原作品原貌。但是由于是手稿，字里行间存在一些作者斟酌、思索的痕迹，语句未经精雕细琢，难免舛错。为便于读者阅读、利于这本宝贵资料的传播，在编校过程中，我们在尽量保留作者原笔原意的前提下，对一些存在语病、不便理解的词句进行了最小幅度的修订。对于不影响阅读的旧词汇、不完全符合现代行文习惯的语法，则尽量予以保留。

书的末尾附录了鲁迅友人许寿裳的两篇文章：《鲁迅的生活》和《鲁迅先生年谱》，可以让读者对鲁迅的生平有一个更深的了解。

由于编校人员学识有限，难免疏漏，恳请各位读者不吝指正。